A Theological German Vocabulary

THE MACMILLAN COMPANY
NEW YORK · CHICAGO
DALLAS · ATLANTA · SAN FRANCISCO
LONDON · MANILA

IN CANADA
BRETT-MACMILLAN LTD.
GALT, ONTARIO

A Theological German Vocabulary

GERMAN THEOLOGICAL KEY WORDS
ILLUSTRATED IN QUOTATIONS

from

MARTIN LUTHER'S BIBLE

and

THE REVISED STANDARD VERSION

by

Walter M. Mosse

Tutor in Theological German
Princeton Theological Seminary

New York
THE MACMILLAN COMPANY

To my students, past, present and future

Si enim alicui placet mea devotio, gaudebo. Si autem nulli placet:memet ipsum tamen juvat quod feci. I'll be more than glad if some person will like my unpretending work. But, should it please no one, then I for one can say that it has given me great pleasure.

HROSWITHA OF GANDERSHEIM, X CENT.
GERMAN BENEDICTINE AND LATIN POET.

Preface

On the initiative of Professor Paul Tillich, lectures on theological German were given at Union Theological Seminary, New York (beginning in 1948), later also at Princeton Theological Seminary, at Yale University Divinity School, and at the Theological Seminary of Drew University. In the course of the lecures faculty members and students asked me repeatedly for a special German-English theological vocabulary. This book is intended to meet their request.

It contains basic theological expressions the knowledge of which is indispensable for reading theological texts. Furthermore it seemed to be expedient to include words which, although not strictly theological, are often used in a theological context. It may be that too few (or too many) of the latter have been included. In principal my selection has been limited to words and phrases current in theological writing of the nineteenth and twentieth centuries. For obsolete words and phrases found in Luther's Bible translation I must refer the reader to bilingual editions of Luther's text.

Every comprehensive theological vocabulary must be based, even in modern times, on the everlasting words of Holy Writ. Martin Luther's version has been used because the strength and beauty of his language has not withered away during the centuries; the Revised Standard Version has been selected because of its up-to-date scholarship. Grateful acknowledgment is hereby made to the publishers, Thomas A. Nelson and Sons, and to the copyright owners, the National Council of the Churches of

Christ in the U.S.A., for their kind permission to reproduce the biblical references taken from the Revised Standard Version.

The problem was how to use the inexhaustible word-treasure of the Bible in the best manner possible. It is common knowledge that a foreign word is more effectively explained and longer remembered if presented in the context of a quotation. Theologians who know many verses of the Scriptures by heart will, I hope, appreciate the Bible citations in this vocabulary and the juxtaposition of their German and English wording.

It is only fair to admit that this book would not have been completed without Alfred Bertholet's and Hans Freiherr von Campenhausen's fascinating *Wörterbuch der Religionen* (Alfred Kröner Verlag, Stuttgart, 1952). The *Stuttgarter Biblische Nachschlagewerk* (Privileg. Württemb. Bibelanstalt, Stuttgart, 1950), an exemplary Bible concordance, was also a great help.

I feel deeply indebted to Professor Paul Lehmann of Princeton Theological Seminary and wish to express my sincere thanks to him; he has taken the trouble of reading and correcting the manuscript and has given me invaluable advice. I am also obliged to Professors Frederick C. Grant and Wilhelm Pauck of Union Theological Seminary, New York, Theodor E. Mommsen of Cornell University, and Erwin Panofsky of the Institute for Advanced Study, Princeton, for advice given on particular questions.

May, 1955   WALTER M. MOSSE

A Theological German Vocabulary

NOTE

An asterisk (*) in the list of synonyms for any listed word signifies that one or more quotations may be found under the word so distinguished. For example, Ebenbild,* among the synonyms for Abbild, signifies that a quotation illustrating the use of Ebenbild appears with that word in the E section of this vocabulary. Umlaut vowels are treated like normal vowels.

das A und O   Alpha and Omega

Ich bin das A und das O, der Anfang und das Ende, spricht der Herr. "I am the Alpha and the Omega," says the Lord God. Rev. 1:8.

das Abbild   image. Synonyms: das Bild; das Bildnis; das Ebenbild.*

das Abendgebet   evening prayer; vespers; evensong

das Abendgeläut, die Abendglocke   vesper bell

das Abendland   the Occident; the West. Syn.: der Okzident.

abendländisch   occidental. Syn.: okzidentalisch.

das Abendmahl   the Lord's Supper; the Last Supper; Eucharist; communion. Syn.: die Kommunion.

. . . stand er vom Abendmahl auf. . . . rose from supper. Jn. 13:4.

das Abendmahl austeilen, or **reichen**   to administer the Eucharist

das Abendmahl empfangen   to receive the Eucharist

das Abendmahl in beiderlei Gestalt   communion in both kinds (bread and wine)

das Abendmahlsbrot   Host. Syn.: die Hostie.

der Abendmahlskelch   chalice; cup. Syn.: der Kelch.*

der Abendmahlsstreit   controversy about the Lord's Supper. Syn.: der Sakramentsstreit.

der Abendmahlstisch   communion table

das Abendopfer   evening sacrifice

. . . meine Hände aufheben wie ein Abendopfer. . . . the lifting up of my hands as an evening sacrifice! Ps. 141:2.

der Aberglaube   superstition

Sie hatten aber etliche Fragen wider ihn von ihrem Aberglauben. . . . but they had certain points of dispute with him about their own superstition. Acts 25:19.

1

abergläubig superstitious

der Abfall apostasy. Syn.: die Apostasie; der Glaubensabfall.

abfallen to apostatize; to commit apostasy. Syn.: abtrünnig werden.*

der Abgott idol. Syn.: der Götze; * das Idol.

> Kindlein, hütet euch vor den Abgöttern. Little children, keep yourselves from idols. 1 Jn. 5:21.

der Abgottanbeter idolater; worshiper of idols. Syn.: der Götzendiener.*

die Abgötterei idolatry. Syn.: der Götzendienst; * die Idolatrie.

> Offenbar sind aber die Werke des Fleisches, als da sind: . . . Abgötterei. Now the works of the flesh are plain: . . . idolatry. Gal. 5:19–20.

Abgötterei treiben to practice idolatry; to worship idols. Syn.: Götzen dienen; Götzendienst treiben.

abgöttisch idolatrous; worshiping idols. Syn.: götzendienerisch.

der Abgrund bottomless pit; abyss

> . . . das Tier, das aus dem Abgrund aufsteiget. . . . the beast that ascends from the bottomless pit. Rev. 11:7.

die Abhandlung tract; tractate. Syn.: der Traktat.

abhauen to cut down; to cut off

> . . . welcher Baum nicht gute Früchte bringet, wird abgehauen. . . . every tree therefore that does not bear good fruit is cut down. Mt. 3.10.

der Ablass indulgence

ablassen to cease. Syn.: abstehen;* beenden.

> Lass nicht ab für uns zu schreien zu dem Herrn, unserm Gott. Do not cease to cry to the Lord our God for us. 1 Sam. 7:8.

der Ablasshandel sale of indulgences

das Ablassjahr jubilee. Syn.: das Jubeljahr; das Jobeljahr.

2

abscheiden   to depart; to part from. Syn.: verscheiden; hinscheiden; sterben.

   . . . ich habe Lust abzuscheiden. My desire is to depart. Phil. 1:23.

das Abscheiden   departure; decease; death. Syn.: das Verscheiden;* das Hinscheiden; der Tod.*

   . . . die Zeit meines Abscheidens ist vorhanden. . . . the time of my departure has come. 2 Tim. 4:6.

abschütteln   to shake off

   . . . schüttelt auch den Staub ab von euren Füssen. . . . shake off the dust from your feet. Lk. 9:5.

die Absolution   absolution; remission of sins. Syn.: die Sündenvergebung; der Sündenerlass; die Lossprechung.

die Absolution erteilen   to absolve; to grant remission of sins

abstehen von etwas   to refrain from a thing. Syn.: ablassen;* beenden.

   Stehe ab vom Zorn, und lass den Grimm. Refrain from anger, and forsake wrath! Ps. 37:8.

die Abstinenz   fasting; abstinence. Syn.: das Fasten.

der Abt   abbot

die Abtei   abbey

die Äbtissin   abbess

abtrünnig   apostate. Syn.: glaubensabtrünnig.

abtrünnig werden   to apostatize; to rebel. Syn.: abfallen.

   . . . werdet nicht abtrünnig von dem Herrn. . . . do not rebel against the Lord. Josh. 22:19.

der Abtrünnige   apostate. Syn.: der Apostat; der Glaubensabtrünnige; der Renegat.

abwischen   to wipe away

   . . . Gott wird abwischen alle Tränen von ihren Augen. . . . God will wipe away every tear from their eyes. Rev. 7:17.

3

achten to regard; to show respect for

   . . . sie wollen nicht achten auf das Tun des Herrn.
. . . they do not regard the works of the Lord. Ps. 28:5.

der Acker ground; field

   . . . verflucht sei der Acker um deinetwillen. . . .
cursed is the ground because of you. Gen. 3:17.

der Acker(s)mann farmer; husbandman

   Siehe, ein Ackermann wartet auf die köstliche Frucht
der Erde. Behold, the farmer waits for the precious fruit
of the earth. Jas. 5:7.

der Adamianer, or **Adamit** Adamite

der Adler eagle

   Siehe, er flieget daher wie ein Adler. Behold, one shall fly
swiftly like an eagle. Jer. 48:40.

der Advent, die Adventszeit Advent

der Adventist Adventist; Second Adventist; Millerite

der Agnostiker agnostic

agnostisch agnostic

der Agnostizismus agnosticism

Ägypten Egypt

ahnen to divine; to have a presentiment

ähnlich similar

die Ahnung presentiment; divination

die Ähre ear [of grain]

   . . . sieben Ähren wuchsen aus einem Halm. . . . seven
ears of grain . . . were growing on one stalk. Gen. 41:5.

die Albe alb. Syn.: das Chorhemd; das Messhemd.

die Albigenser (plur.) Albigenses

Allah Allah

der allergeringste the very least

   Mir, dem allergeringsten unter allen Heiligen, ist gegeben

4

diese Gnade. To me, though I am the very least of all the saints, this grace was given. Eph. 3:8.

(das) Allerheiligen(fest), der Allerheiligentag All Saints' Day; Allhallows

das Allerheiligste Holy of Holies
> Hinter dem anderen Vorhang aber war die Hütte, die da heisst die allerheiligste. Behind the second curtain stood a tent called the Holy of Holies. Heb. 9:3.

der Allerhöchste; Gott the Most High. Syn.: das Höchste Wesen.
> Der Allerhöchste wohnet nicht in Tempeln, die mit Händen gemacht sind. The Most High does not dwell in houses made with hands. Acts 7:48.

(das) Allerseelen(fest) All Souls' Day

die Allgegenwart Gottes omnipresence, ubiquity of God. Syn.: die Ubiquität.

der Allgegenwärtige Gott the omnipresent God

die Allgüte Gottes God's goodness to all. Syn.: die Gottesgüte; die Güte *

allgütig good to all; infinitely good

der Allgütige God in his supreme goodness

die Allmacht omnipotence

der Allmächtige, der allmächtige Gott God Almighty; the Almighty; the Omnipotent; Omnipotence
> Ich bin der allmächtige Gott, wandle vor mir und sei fromm. I am God Almighty; walk before me, and be blameless. Gen. 17:1.

allwissend omniscient

der Allwissende the Omniscient

die Allwissenheit Gottes omniscience of God

das Almosen alms
> Wenn du Almosen giebst, so lass deine linke Hand nicht

5

wissen, was die rechte tut. When you give alms, do not let your left hand know what your right hand is doing Mt. 6:3.

der Altar altar

> . . . und fand einen Altar, darauf war geschrieben: Dem unbekannten Gott. . . . I found also an altar with this inscription, "To an unknown god." Acts 17:23.

das Alte Testament Old Testament

das Altertum antiquity; ancient times; the ancients

der Älteste presbyter; the elder. Syn.: der Presbyter; der Kirchenälteste.

der Ambo ambo

der Ambrosianische Lobgesang Ambrosian chant

die Ameise ant

> Gehe zur Ameise, du Fauler, siehe ihre Weise an und lerne. Go to the ant, O sluggard; consider her ways, and be wise. Prov. 6:6.

das Amen Amen

> Ihm sei Ehre in Ewigkeit! Amen. To him be glory forever. Amen. Rom. 11:36.

das Amt ministry; office

> Siehe auf das Amt, das du empfangen hast in dem Herrn, dass du dasselbige ausrichtest. See that you fulfil the ministry which you have received in the Lord. Col. 4:17.

der Ämterhandel, der Ämterkauf simony; simonism. Syn.: die Simonie.

der Anabaptismus Anabaptism. Syn.: die Wiedertäuferei.

der Anabaptist Anabaptist. Syn.: der Wiedertäufer.

der Anachoret anchorite; hermit. Syn.: der Klausner; der Eremit; der Einsiedler.

anachoretisch anchoritic. Syn.: einsiedlerisch.

das Anathem(a) anathema; excommunication. Syn.: der Kirchenbann; die Exkommunikation; der Bann.

der Anbeginn beginning. Syn.: der Beginn; der Anfang*
. . . von Anbeginn aber ist's nicht also gewesen. . . . but from the beginning it was not so. Mt. 19:8.

anbeten to worship (God, Christ); to venerate (saints); to pray (generally). Syn.: beten;* verehren.

der Anbeter worshiper
. . . die wahrhaftigen Anbeter werden den Vater anbeten im Geist und in der Wahrheit. . . . the true worshipers will worship the Father in spirit and truth. Jn. 4:23.

die Anbetung adoration; worship; veneration

anblasen to breathe on
. . . blies er sie an, und spricht zu ihnen: Nehmet hin den heiligen Geist! He breathed on them, and said to them, "Receive the Holy Spirit." Jn. 20:22.

die Andacht meditation; private devotions

andächtig, andachtsvoll devout
Aber die Juden bewegten die andächtigen Weiber. . . . But the Jews incited the devout women. . . . Acts 13:50.

andersgläubig confessing a different creed; adhering to a different faith. See also der Dissident.

anempfehlen to commit; to recommend. Syn.: befehlen;* empfehlen.

der Anfang beginning. Syn.: der Anbeginn;* der Beginn.
Am Anfang schuf Gott Himmel und Erde. In the beginning God created the heavens and the earth. Gen. 1:1.

anfangen to begin. Syn: anheben;* beginnen.
Von der Zeit an fing Jesus an zu predigen. From that time Jesus began to preach. Mt. 4:17.

der Anfänger pioneer; beginner. Syn.: der Beginner.
. . . aufsehen auf Jesum, den Anfänger und Vollender

7

des Glaubens. . . . looking to Jesus the pioneer and perfecter of our faith. Heb. 12:2.

anfechten   to tempt. Syn.: versuchen.

die Anfechtung   temptation. Syn.: die Versuchung.*
> Wachet und betet, dass ihr nicht in Anfechtung fallet. Watch and pray that you may not enter into temptation. Mt. 26:41.

das Angelusgebet   Angelus

die Angelusglocke, das Angelusläuten   Angelus bell

angenehm   acceptable; accepted; welcome; pleasing. Syn.: gefällig.*
> . . . zu verkündigen das angenehme Jahr des Herrn. . . . to proclaim the acceptable year of the Lord. Lk. 4:19. Wenn du fromm bist, so bist du angenehm. And if you do well, will you not be accepted? Gen. 4:7.

das Angesicht   face. Syn.: das Antlitz;* das Gesicht.
> Im Schweiss deines Angesichts sollst du dein Brot essen, bis dass du wieder zu Erden werdest. In the sweat of your face you shall eat bread till you return to the ground. Gen. 3:19. Jesus fiel nieder auf sein Angesicht und betete. . . . he fell on his face and prayed. Mt. 26:39.

der Anglikaner   Anglican

anglikanisch   Anglican

die Anglikanische Kirche   the Anglican Church; the Church of England; (in U.S.A.) Protestant Episcopal Church. Syn.: die Episkopalkirche.

der Anglikanismus   Anglicanism

die Angst   anxiety; fear; distress. Syn.: die Furcht;* die Herzensangst;* die Seelenangst.
> Wer will uns scheiden . . . Trübsal, oder Angst . . .?

Who shall separate us . . . tribulation, or distress . . .?
Rom. 8:35.

(sich) ängsten, (sich) ängstigen to be distressed; to be alarmed
Und David war sehr geängstet. And David was greatly
distressed. 1 Sam. 30:6.

anheben to begin. Syn.: beginnen; anfangen.*
Da hub er an sich zu verfluchen. Then he began to invoke a curse on himself. Mt. 26:74.

der Anker anchor
. . . welche wir haben als einen sicheren und festen
Anker unsrer Seele. We have this as a sure and steadfast
anchor of the soul, a hope. Heb. 6:19.

die Anklage accusation; charge. Syn.: die Beschuldigung.

anklagen to accuse; to charge. Syn.: beschuldigen.

der Ankläger accuser; prosecutor

anklopfen to knock
. . . klopfet an, so wird euch aufgetan. . . . knock,
and it will be opened to you. Mt. 7:7.

anlegen to put on. Syn.: anziehen;* bekleiden; antun.*

das Anliegen supplication; concern
Und betet stets in allem Anliegen. Pray at all times . . .
with all . . . supplication. Eph. 6:18.

annehmen to embrace (a faith)

anrufen to call upon; to invoke; to implore
. . . und rufe mich an in der Not. . . . and call upon
me in the day of trouble. Ps. 50:15.

die Anrufung Gottes invocation of God

anrühren to touch. Syn.: berühren.
Und sie brachten Kindlein zu ihm, dass er sie anrührte.
And they were bringing children to him, that he might
touch them. Mk. 10:13.

anschauen, ansehen to look at. Syn.: betrachten.*

9

Und Mose verhüllte sein Angesicht; denn er fürchtete sich, Gott anzuschauen. And Moses hid his face, for he was afraid to look at God. Ex. 3:6.

die Anschauung, die Ansicht   view; opinion; perception

anspeien   to spit upon

Und speieten ihn an. And they spat upon him. Mt. 27:30.

der Anstoss   offense; offence. Syn.: die Ärgernis.*

Der Herr Zebaoth wird sein . . . ein Stein des Anstosses. And he will become . . . a stone of offence. Is. 8:14.

Anstoss erregen bei jemand   to give offense to a person

Anstoss nehmen an etwas   to take offense at a thing

anstössig   offensive; insulting

antasten   to touch

Tastet meine Gesalbten nicht an, und tut meinen Propheten kein Leid. Touch not my anointed ones, do my prophets no harm! Ps. 105:15.

der Antichrist   Antichrist. Syn.: der Widerchrist.

das Antlitz   face. Syn.: das Angesicht;* das Gesicht.

Ihr sollt mein Antlitz suchen. Seek ye my face. Ps. 27:8.

antun   to put on. Syn.: anlegen; anziehen;* bekleiden. . . . angetan mit dem Panzer des Glaubens. . . . let us . . . put on the breastplate of faith. 1 Thess. 5:8.

die Antwort   answer. Syn.: die Entgegnung.

Aber Jesus gab ihnen keine Antwort. But Jesus gave no answer. Jn. 19:9.

antworten   to answer. Syn.: entgegnen.

Sollst du dem Hohenpriester also antworten? Is that how you answer the high priest? Jn. 18:22.

das Anzeichen   omen. Syn.: das Zeichen.*

. . . welches ist ein Anzeichen, ihnen der Verdammnis, euch aber der Seligkeit. This is a clear omen to them of their destruction, but of your salvation. Phil. 1:28.

anzeigen to show

> Herr, aller Herzen Kündiger, zeige an, welchen du erwählt hast unter diesen zweien. Lord, who knowest the hearts of all men, show which one of these two thou hast chosen. Acts 1:24.

anziehen to put on. Syn.: anlegen; antun;* bekleiden.

> Ziehet an den Harnisch Gottes. Put on the whole armor of God. Eph. 6:11.

die Apokalypse Apocalypse; the Revelation of St. John the Divine. Syn.: die Offenbarung.

apokalyptisch apocalyptic(al)

die Apokryphen (plural) the Apocrypha

apokryphisch apocryphal (always capitalized when the reference is to the Apocrypha)

der Apologet apologist

die Apologetik apologetics

apologetisch apologetic(al)

die Apostasie apostasy. Syn.: der Abfall; der Glaubensabfall.

der Apostat apostate. Syn.: der Abtrünnige; der Glaubensabtrünnige; der Renegat.

Apostat werden to become apostate. Syn.: abtrünnig werden; glaubensabtrünnig werden.

der Apostel apostle. Syn.: der Glaubensbote.

> . . . rief seinen Jüngern und erwählte ihrer zwölf, welche er auch Apostel nannte. . . . he called his disciples, and chose from them twelve, whom he named apostles. Lk. 6:13.

das Apostelamt, das Apostolat apostolate; apostleship

> . . . das Siegel meines Apostelamts seid ihr in dem Herrn. . . . you are the seal of my apostleship in the Lord. 1 Cor. 9:2.

11

die Apostellehre The Teaching of the Twelve Apostles; Didache. Syn.: die Didache.

das Apostolikum the Apostles' Creed. Syn.: das apostolische Glaubensbekenntnis.

apostolisch apostolic

der apostolische Stuhl Apostolic See. Syn.: die Römische Kirche.

die apostolischen Väter (plural) Apostolic Fathers

das apostolische Zeitalter Apostolic Age

die Apsis apse; apsis

die Arbeit work; labor

> Sechs Tage sollst du deine Arbeit tun. Six days you shall do your work. Ex. 23:12.

arbeiten to labor; to work

> Ich aber dachte, ich arbeitete vergeblich. But I said, "I have labored in vain." Is. 49:4.

der Arbeiter laborer, worker

> Ein Arbeiter ist seines Lohnes wert. The laborer deserves his wages. Lk. 10:7.

die Arche ark; Ark of the Covenant. Syn.: die Bundeslade; die Lade.*

> Durch den Glauben hat Noah die Arche zubereitet zum Heil seines Hauses. By faith Noah . . . constructed an ark for the saving of his household. Heb. 11:7 (see Gen. 6–9).

der Archidiakon archdeacon

sich ärgern to take offense

> . . . und selig ist, der sich nicht an mir ärgert. And blessed is he who takes no offense at me. Mt. 11:6.

das Ärgernis offense; stumbling block. Syn.: der Anstoss. . . . den Juden ein Ärgernis. . . . a stumbling-block to Jews. 1 Cor. 1:23.

der Arianismus Arianism

arm poor

> . . . wird mit Gerechtigkeit richten die Armen. . . .
> with righteousness he shall judge the poor . . . Is. 11:4.

der Arm Gottes arm of God. Syn.: der Gottesarm.

> Der Herr hat offenbart seinen heiligen Arm, vor den
> Augen aller Heiden. The Lord has bared his holy arm
> before the eyes of all the nations. Is. 52:10.

der Armeegeistliche army chaplain. Syn.: der Feldprediger;
der Feldkaplan; der Feldgeistliche.

die Armut poverty

> Armut und Reichtum gieb mir nicht. . . . give me
> neither poverty nor riches. Prov. 30:8.

die Asche ashes

> Er gibt Schnee wie Wolle, er streut Reif wie Asche. He
> gives snow like wool; he scatters hoarfrost like ashes.
> Ps. 147:16.

der Aschermittwoch Ash Wednesday

die Askese asceticism

der Asket ascetic

asketisch ascetic(al)

das Asyl asylum; sanctuary. Syn.: die Zuflucht;* der Zufluchtsort; die Zufluchtsstätte.

der Atem breath. Syn.: der Odem.

atmen to breathe

das Athanasianische Glaubensbekenntnis Athanasian Creed

der Atheismus atheism. Syn.: die Gottesleugnung.

der Atheist atheist. Syn.: der Gottesleugner.

atheistisch atheistic(al). Syn.: gottesleugnerisch.

der Auferstandene; Jesus the Resurrected

auferstehen to rise; to resurrect

> . . . er ist auferstanden. . . . he has risen. Mt. 28:6.

13

die Auferstehung resurrection

Ich bin die Auferstehung und das Leben. I am the resurrection and the life. Jn. 11:25.

das Auferstehungsfest Easter. Syn.: Ostern; das Osterfest.

auferwecken to raise up; to resuscitate

Den hat Gott auferwecket. But God raised him up. Acts 2:24.

die Auferweckung resuscitation (John 11).

auffahren, auffliegen to ascend; to mount up.

Ich bin noch nicht aufgefahren zu meinem Vater. I have not yet ascended to the Father. Jn. 20:17.

aufheben to lift (up)

Ich hebe meine Augen auf zu den Bergen, von welchen mir Hilfe kommt. I lift up my eyes to the hills. From whence does my help come? Ps. 121:1.

aufklären to enlighten

die Aufklärung the Enlightenment

auflegen to lay on. See also Handauflegung.

aufrichtig upright; sincere

Er lässt's den Aufrichtigen gelingen. He stores up sound wisdom for the upright. Prov. 2:7.

die Aufrichtigkeit uprightness; sincerity

Ich weiss, mein Gott, dass . . . Aufrichtigkeit ist dir angenehm. Darum habe ich dies alles aus aufrichtigem Herzen freiwillig gegeben. I know, my God, that thou . . . hast pleasure in uprightness; in the uprightness of my heart I have freely offered all these things. 1 Chron. 29:17.

aufsteigen to ascend

. . . die Engel Gottes stiegen daran auf und nieder. . . . the angels of God were ascending and descending on it! Gen. 28:12.

auftun, öffnen (das Auge)   to open

> Öffne mir die Augen, dass ich sehe die Wunder an deinem Gesetz. Open my eyes, that I may behold wondrous things out of thy law. Ps. 119:18.

der Augapfel   apple of the eye

> Er behütete ihn wie seinen Augapfel. He kept him as the apple of his eye. Deut. 32:10.

das Auge   eye

> Lass deine Augen offen sein auf das Flehen deines Knechtes. Let thy eyes be open to the supplication of thy servant. 1 Kings 8:52.

Das Augsburger Glaubensbekenntnis, die Augsburger Konfession   Augsburg Confession; Confessio Augustana; C.A.

der Augustiner   Augustinian

augustinisch   Augustinian

der Augustinismus   Augustin(ian)ism

ausbreiten   to spread

> Das Wort des Herrn ward ausgebreitet durch die ganze Gegend. And the word of the Lord spread throughout all the region. Acts 13:49.

die Ausbreitung   spreading; extension

auserwählen   to choose. See also erwählen.

> Ich habe erhöhet einen Auserwählten aus dem Volk. I have exalted one chosen from the people. Ps. 89:20(19).

das auserwählte Volk   chosen people. See Ex. 19.

der Ausgang   going out

> Der Herr behüte deinen Ausgang und deinen Eingang. The Lord will keep your going out and your coming in. Ps. 121:8.

ausgiessen   to pour out

> . . . ich will ausgiessen von meinem Geist auf alles

Fleisch. I will pour out my Spirit upon all flesh. Acts 2:17.

die Ausgiessung des Heiligen Geistes outpouring of the Holy Spirit. Acts 2.

auslegen to interpret; to explain. Syn.: erklären; interpretieren.

Jesus legte ihnen alle Schriften aus, die von ihm gesagt waren. . . . he interpreted to them in all the scriptures the things concerning himself. Lk. 24:27.

das Auslegen, die Auslegung interpretation. Syn.: die Exegese; die Interpretation; die Erklärung.

Auslegen gehöret Gott zu, doch erzählet mirs. Do not interpretations belong to God? Tell them to me, I pray you. Gen. 40:8.

der Ausleger interpreter. Syn.: der Erklärer; der Interpret; der Exeget.

ausrecken to stretch out. Syn.: ausstrecken.*

Jesus reckte die Hand aus über seine Jünger. And stretching out his hand toward his disciples. Mt. 12:49.

ausrotten to exterminate; to cut off. Syn.: vertilgen;* zerstören. . . . und habe alle deine Feinde vor dir ausgerottet. . . . and have cut off all your enemies from before you. 2 Sam. 7:9.

die Ausrottung extermination. Syn.: die Vertilgung; die Zerstörung.

aussätzig leprous

Da war Miriam aussätzig wie der Schnee. Miriam was leprous, as white as snow. Num. 12:10.

ausschütten to pour out

. . . habe mein Herz vor dem Herrn ausgeschüttet. I have been pouring out my soul before the Lord. 1 Sam. 1:15.

16

aussenden to send out. Syn.: senden; schicken.

> . . . wie sie ausgesandt waren vom Heiligen Geist. So, being sent out by the Holy Spirit. Acts 13:4.

ausstossen to cast out

> Wenn ich die Heiden vor dir ausstossen . . . werde. For I will cast out nations before you. Ex. 34:24.

ausstrecken to stretch forth. Syn.: ausrecken.*

> Da der Engel seine Hand ausstreckte über Jerusalem, dass er sie verderbete. And when the angel stretched forth his hand toward Jerusalem to destroy it. 2 Sam. 24:16.

austilgen to blot out. Syn.: vertilgen.

> Ich werde seinen Namen nicht austilgen aus dem Buch des Lebens. I will not blot his name out of the book of life. Rev. 3:5.

austreiben to exorcise; to cast out. Syn.: beschwören;* bannen.

> Haben wir nicht in deinem Namen Teufel ausgetrieben? Did we not . . . cast out demons in your name? Mt. 7:22.

das Autodafé burning of heretics; auto-da-fé (literally, act of faith). Syn.: die Ketzerverbrennung.

das Ave Maria Ave Maria; Hail Mary

die Babylonische Gefangenschaft the Exile; the Babylonian captivity. Syn.: das Exil.

das Bad washing. See also Wiedergeburt.

der Baldachin canopy

der Balken log (King James: beam)

> Was siehest du aber den Splitter in deines Bruders Auge und wirst nicht gewahr des Balken in deinem Auge? Why do you see the speck (King James: the mote) that

is in your brother's eye, but do not notice the log that is in your own eye? Mt. 7:3.

der Bann 1) excommunication, anathema (syn.: die Exkommunikation, das Anathema); 2) charm, spell, magic (syn.: der Zauber)

die Bannbulle bull of excommunication

bannen 1) to pronounce an anathema; to excommunicate. Syn.: exkommunizieren. 2) to exorcise; to conjure; to cast out (demons). 3) to spell, to charm

der Baptist Baptist

die Baptisten (plural) Baptists

die Baptistengemeinde Baptist Church

das Baptisterium baptistry; baptistery. Syn.: die Taufkapelle.

barmherzig merciful

Herr, Herr Gott, barmherzig. The Lord, the Lord, a God merciful. Ex. 34:6.

die Barmherzigkeit mercy; charity. Syn.: die Liebestätigkeit; die Caritas.

. . . durch die herzliche Barmherzigkeit unsers Gottes. . . . through the tender mercy of our God. Lk. 1:78. Ich habe Wohlgefallen an Barmherzigkeit und nicht an Opfer. I desire mercy, and not sacrifice. Mt. 9:13.

der Bauch belly

Auf deinem Bauch sollst du gehen, und Erde essen dein Leben lang. . . . upon your belly you shall go, and dust you shall eat all the days of your life. Gen. 3:14.

die Bauleute (plural) builders

Der Stein, den die Bauleute verworfen, ist zum Eckstein geworden. The stone which the builders rejected has become the chief cornerstone. Ps. 118:22.

der Baum tree

Aber von dem Baum der Erkenntnis Gutes und

18

Böses sollst du nicht essen. But of the tree of the knowledge of good and evil you shall not eat. Gen. 2:17. Nun aber, dass er nicht ausstrecke seine Hand, und breche auch von dem Baum des Lebens, und esse, und lebe ewiglich. And now, lest he put forth his hand and take also of the tree of life, and eat, and live for ever. Gen. 3:22.

der Baumeister   builder; architect

    . . . denn er wartete auf eine Stadt, die einen Grund hat, welcher Baumeister und Schöpfer Gott ist. For he looked forward to the city which has foundations, whose builder and maker is God. Heb. 11:10.

der Becher   cup; chalice. Syn.: der Kelch;* der Abendmahlskelch.*

    Nimm diesen Becher Weins voll Zorns von meiner Hand. Take from my hand this cup of the wine of wrath. Jer. 25:15.

bedräuen, bedrohen   to rebuke

    Und Jesus bedräuete ihn; und der Teufel fuhr aus von ihm. And Jesus rebuked him, and the demon came out of him. Mt. 17:18.

beeiden   to swear. Syn.: schwören.*

beenden   to cease. Syn.: ablassen;* abstehen.*

der Befehl   precept; commandment

    Unterweise mich den Weg deiner Befehle. Make me understand the way of thy precepts. Ps. 119:27.

befehlen   1) to command; 2) to commit. (Syn.: anempfehlen).

    1) . . . und lehret sie halten alles, was ich euch befohlen habe. . . . teaching them to observe all that I have commanded you. Mt. 28:20.

    2) Vater, ich befehle meinen Geist in deine Hände. Father, into thy hands I commit my spirit! Lk. 23:46.

19

beflecken to defile

> Denn eure Hände sind mit Blut befleckt. For your hands are defiled with blood. Is. 59:3.

der (or das) Begehr, das Begehren desire. Syn.: der Wunsch.*

begehren to desire. Syn.: wünschen.*

> Wer ist, der gut Leben begehrt, und gerne gute Tage hätte? What man is there who desires life, and covets many days, that he may enjoy good? Ps. 34:13(12).

begeistern to inspire

der Beginn beginning. Syn.: der Anbeginn;* der Anfang.*

beginnen to begin. Syn.: anfangen; * anheben.*

der Beginner pioneer; beginner. Syn.: der Anfänger.*

begraben to bury

> ... lass die Toten ihre Toten begraben! ... leave the dead to bury their own dead. Mt. 8:22.

das Begräbnis burial

> Solches hat sie behalten zum Tage meines Begräbnisses. ... let her keep it for the day of my burial. Jn. 12:7.

der Begriff idea; conception. Syn.: die Idee; die Vorstellung; der Gedanke.*

behüten to keep

> Der Herr segne dich und behüte dich. The Lord bless you and keep you. Num. 6:24.

die Beichte confession. Syn.: das Sündenbekenntnis; * das Schuldbekenntnis.

die Beichte ablegen to confess

beichten to confess

der Beichter 1) father confessor; 2) penitent

das Beichtgeheimnis seal of confession

der Beichtiger father confessor

das Beichtkind, der Beichtling penitent

das Beichtsiegel seal of confession

der Beichtstuhl confessional
der Beichtvater father confessor
bekehren to convert; to proselyte; to evangelize
der Bekehrer evangelist. Syn.: der Evangelist.
die Bekehrung conversion
bekennen to confess
> . . . und sie sollen ihre Sünde bekennen. . . . he shall confess his (King James: they shall confess their) sin. Num. 5:7.

das Bekenntnis confession (of faith); creed. Syn.: die Konfession; das Glaubensbekenntnis.
> . . . so lasset uns halten an dem Bekenntnis. . . . let us hold fast our confession. Heb. 4:14.

die Bekenntnisschriften (plural) symbolical books; confessional writings.
bekleiden to put on. Syn.: anziehen; * anlegen; antun.*
beleidigen to insult. Syn.: schmähen.
die Beleidigung insult. Syn.: die Schmähung.*
belohnen to reward. Syn.: lohnen.
die Belohnung reward. Syn.: der Lohn.*
> . . . denn er sah an die Belohnung. . . . for he looked to the reward. Heb. 11:26.

benedeien to bless. Syn.: segnen.*
> Gebenedeiet bist du unter den Weibern, und gebenedeiet ist die Frucht deines Leibes. Blessed are you among women and blessed is the fruit of your womb! Lk. 1:42.

der Benediktiner Benedictine
die Benediktiner Ordensregel Benedictine rule
bereuen to repent. Syn.: reuen; * gereuen; * büssen.
die Bergpredigt Sermon on the Mount (Mt. 5–7; Lk. 6:20–49)
der Beruf occupation; office; profession; vocation
berufen to call

21

. . . welche er berufen hat, nämlich uns. . . . even us whom he has called. Rom. 9:24.

die Berufung calling; vocation

So ermahne nun euch ich Gefangener in dem Herrn, dass ihr wandelt, wie sichs gebührt eurem Beruf, darinnen ihr berufen seid. I therefore, a prisoner for the Lord, beg you to lead a life worthy of the calling to which you have been called. Eph. 4:1.

berühren to touch. Syn.: anrühren.*

beschneiden to circumcise

Alles, was männlich ist unter euch, soll beschnitten werden. Every male among you shall be circumcised. Gen. 17:10.

die Beschneidung circumcision

Die Beschneidung ist wohl nütz, wenn du das Gesetz hältst. Circumcision indeed is of value if you obey the law. Rom. 2:25.

beschuldigen to accuse; to charge. Syn.: anklagen.

die Beschuldigung charge; accusation. Syn.: die Anklage.

beschwören 1) to conjure, to adjure; 2) to conjure away, to exorcise; to cast out (demons). Syn.: austreiben.*

Ich beschwöre dich bei dem lebendigen Gott. I adjure you by the living God. Mt. 26:63.

der Beschwörer conjurer; exorciser; exorcist

. . . etliche der umherziehenden Juden, die da Beschwörer waren. . . . some of the itinerant Jewish exorcists. Acts 19:13.

die Beschwörung conjuration; exorcism; exorcisement. Syn.: der Exorzismus.

besessen possessed; demoniac(al); demon-ridden

. . . und sie brachten zu ihm . . . die Besessenen. . . . and they brought him . . . demoniacs. Mt. 4:24.

22

bestehen to stand

> So du willst, Herr, Sünde zurechnen, Herr, wer wird bestehen? If thou, O Lord, shouldst mark iniquities, Lord, who could stand? Ps. 130:3.

die Bestimmung fate; destiny. Syn.: das Geschick; die Schikkung; das Schicksal.

bestrafen to punish. Syn.: strafen.*

die Bestrafung punishment. Syn.: die Strafe.*

die Betbank hassock

beten to pray, to say grace; to say (the rosary). Syn.: anbeten; verehren. See also Tisch, Tischgebet.

> Darum sollt ihr also beten. Pray then like this. Mt. 6:9.

der Betgang procession. Syn.: der Bittgang; die Prozession.

die Betkapelle oratory

das Betkissen, der Betschemel hassock. Syn.: die Betbank.

die Betstunde hour of prayer

der Bettag day of prayer. Syn.: der Busstag.

betrachten to look at; to meditate on. Syn.: ansehen.

> . . . betrachte [das Buch dieses Gesetzes] Tag und Nacht. You shall meditate on [this book of the law] day and night. Josh. 1:8.

der Bettelmönch mendicant; mendicant friar

betteln to beg

> . . . so schäme ich mich zu betteln. . . . I am ashamed to beg. Lk. 16:3.

der Bettelorden mendicant order; order of mendicant friars

der Bettler beggar

die beweglichen Feste (plural) variable festivals

die Bewegung movement. See die ökumenische Bewegung.

beweinen to weep for

> Und die Kinder Israel beweinten Mose . . . dreissig

Tage. And the people of Israel wept for Moses . . . thirty days. Deut. 34:8.

bezeugen to bear witness; to witness. Syn.: zeugen.*

Und der das gesehen hat, der hat es bezeuget. He who saw it has borne witness. Jn. 19:35.

die Bibel the Bible; Holy Scripture; the Scriptures; Holy Writ. Syn.: die Heilige Schrift.

der Bibelabschnitt, das Bibelkapitel chapter of the Bible

der Bibelausdruck Biblical expression

der Bibelausleger interpreter of the Bible; exegete. Syn.: der Bibelerklärer; der Bibelexeget.

die Bibelauslegung, die Bibelerklärung exegesis. Syn.: die Exegese.

der Bibelerklärer exegete. Syn.: der Bibelausleger; der Exeget.

der Bibelexeget Bible exegete. Syn.: der Bibelerklärer; der Exeget.

der Bibelforscher Bible scholar

die Bibelforschung Bible research

die Bibelgesellschaft Bible Society

der Bibelkanon canon. Syn.: der Kanon.

die Bibelkonkordanz Bible concordance. Syn.: die Konkordanz.

die Bibelkritik Biblical criticism. See also die Textkritik; die Literarkritik; die historische Bibelkritik.

das Bibellatein Biblical Latin

die Bibelsprache Scriptural language

der Bibelspruch Bible sentence; Bible passage.

die Bibelstelle Bible passage

die Bibelstunde Bible class

die Bibelübersetzung Bible translation

biblisch Biblical

24

bigott bigoted

die Bigotterie bigotry

das Bild image. Syn.: das Bildnis; das Abbild; das Ebenbild.* ✓
Und Gott schuf den Menschen <u>ihm zum Bilde</u>. So God
created man in his own image. Gen. 1:27.

der Bilderstürmer iconoclast. Syn.: der Ikonoklast.

die Bilderstürmerei iconoclasm. Syn.: der Ikonoklasmus.

bilderstürmerisch iconoclastic. Syn.: ikonoklastisch.

das Bildnis image. Syn.: das Bild.

der Bischof bishop

zum Bischof ernennen to miter; to bishop

bischöflich episcopal

das Bischofsamt episcopate; bishopric

der Bischofshut, die Bischofsmütze miter

der Bischofssitz see

der Bischofsstab crosier. Syn.: der Hirtenstab; der Krummstab.

der Bischofsstuhl bishop's seat

die Bischofswürde miter; episcopate

das Bistum bishopric

die Bitte supplication; request
So ermahne ich nun, dass man vor allen Dingen zuerst
tue Bitte, Gebet, Fürbitte und Danksagung für alle
Menschen. First of all, then, I urge that supplications,
prayers, intercessions, and thanksgivings be made for all
men. 1 Tim. 2:1.

bitten to ask
Und was ihr bitten werdet in meinem Namen, das will
ich tun. Whatever you ask in my name, I will do it.
Jn. 14:13.

der Bittgang procession. Syn.: die Prozession.

die Blasphemie blasphemy. Syn.: die Gotteslästerung.*

25

blasphemisch blasphemous. Syn.: gotteslästerlich.

der Blitz lightning

. . . wie der Blitz oben vom Himmel blitzet und leuchtet über alles, das unter dem Himmel ist. . . . as the lightning flashes and lights up the sky from one side to the other. Lk. 17:24.

blitzen to flash

das Blut blood

Dieser Kelch ist das neue Testament in meinem Blut. This cup is the new covenant in my blood. 1 Cor. 11:25.

die Blutschuld bloodguiltiness

Errette mich von den Blutschulden. Deliver me from bloodguiltiness. Ps. 51:16(14).

die Böhmischen Brüder (plural) Bohemian Brethren. Syn.: die Mährischen Brüder; die Herrnhuter.

böse evil

Lass vom Bösen und tue Gutes. Depart from evil, and do good. Ps. 34:15(14).

der Bote messenger

. . . Wer ist so taub, wie mein Bote, den ich sende? Who is . . . deaf as my messenger whom I send? Is. 42:19.

die Botschaft message

Denn das ist die Botschaft, die ihr gehört habt von Anfang. For this is the message which you have heard from the beginning. 1 Jn. 3:11.

der Brahmane Brahman

der Brahmanismus Brahmanism

das Breve brief

das Brot (Brod) bread

Im Schweisse deines Angesichts sollst du dein Brot essen. In the sweat of your face you shall eat bread. Gen. 3:19.

das Brotbrechen   breaking of bread

> Sie blieben aber beständig . . . im Brotbrechen und im Gebet. And they devoted themselves . . . to the breaking of bread and the prayers. Acts 2:42.

die Brüdergemeinde   Herrnhuters; Bohemian Brothers. Syn.: die Böhmischen Brüder.

die Brüderlichkeit, die Bruderliebe   brotherhood of men; love of the brethren

> Und machet keusch eure Seelen im Gehorsam der Wahrheit durch den Geist zu ungefärbter Bruderliebe. Having purified your souls by your obedience to the truth for a sincere love of the brethren. 1 Pet. 1:22.

das Buch der Lebendigen, das Buch des Lebens   book of the living; book of life. Syn.: das Lebensbuch.*

> Tilge sie aus dem Buch der Lebendigen. Let them be blotted out of the book of the living. Ps. 69:29(28).

der Buddhismus   Buddhism

der Buddhist   Buddhist

buddhistisch   Buddhist(ic)

der alte und neue Bund   The Old and the New Covenant

die Bundeslade   Ark of the Covenant. Syn.: die Lade.*

die Busse   repentance; penitence. Syn.: die Bussfertigkeit; die Reue.*

> Tut Busse, das Himmelreich ist nahe herbeigekommen! Repent, for the kingdom of heaven is at hand. Mt. 3:2.

büssen   to repent; to atone. Syn.: bereuen.

der Büsser, die Büsserin   penitent

bussfertig   repentant; penitent

die Bussfertigkeit   repentance; penitence. Syn.: die Busse;* die Reue.*

das Bussgebet   penitential prayer

der Bussprediger   penitential preacher

27

die Busspredigt sermon on repentance

der Busspsalm penitential psalm

der Busstag, der Buss- und Bettag day of prayer and penitence

die Busswerke (plural) works of penitence

der Calvinismus Calvinism

der Calvinist Calvinist

Calvinistisch Calvinistic(al)

die Caritas charity. Syn.: die Liebestätigkeit; die Barmherzigkeit.*

Chaldäa Chaldea

der Chaldäer Chaldean

chaldäisch Chaldean

das Chaos chaos

der Chassid Hasidean

chassidisch Hasidic

der Chassidismus Hasidism

der Cherub cherub. Syn.: der Kerub.

> . . . lagerte vor den Garten Eden die Cherubim. . . .
> at the east of the garden of Eden he placed the cherubim.
> Gen. 3:24.

der Chiliasmus chiliasm; millenarianism

der Chiliast chiliast; millenarian

chiliastisch chiliastic

die Chiromantik chiromancy; palmistry

der Chor 1) choir of singers; 2) the part of the nave designed for these singers

der Choral chorale; hymn. Syn.: das Kirchenlied; die Hymne.

der Choraltar high altar. Syn.: der Hochaltar.

das Choramt cathedral service

die Chorgalerie choir loft

das Chorhemd alb. Syn.: die Albe; das Messhemd.

der Chorknabe   choirboy

der Chormeister   choirmaster

das Chorsingen   choir; chorus

das Chrisam   chrism

der Christ, die Christin   Christian, Christian woman

Christ werden   to become Christian; to profess Christianity

der Christabend   Christmas Eve. Syn.: der Weihnachtsabend; der Heiligabend; der Heilige Abend.

der Christbaum   Christmas tree. Syn.: der Weihnachtsbaum.

die Christengemeinde   Christian congregation; Christian community ✓

der Christenglaube, der christliche Glaube   Christian faith. Syn.: das Christentum.

die Christenheit   Christendom

die Christenpflicht   Christian duty

das Christentum   Christianity; Christian faith. Syn.: der Christenglaube.

die Christenverfolgung   persecution of Christians ✓

das Christfest   Christmas. Syn.: Weihnach(ten).

christlich   Christian; Christianlike

die Christliche Wissenschaft   Christian Science. Syn.: die Gesundbeterei.

die Christliche Zeitrechnung   Christian Era

die Christlichkeit   Christianity

der Christmarkt   Christmas fair. Syn.: der Weihnachtsmarkt.

die Christologie   Christology

christologisch   Christological

Christus   Christ. Syn.: der Gesalbte: der Gute Hirte; der Gottessohn.

die Christwoche   Christmas week

chthonisch   chthonian

der Dämon demon

dämonisch demoniac(al)

der Dank thanks; thanksgiving

> Gott aber sei Dank für seine unaussprechliche Gabe! Thanks be to God for his inexpressible gift! 2 Cor. 9:15.

dankbar grateful; thanksgiving

> . . . wie ihr gelehrt seid, und seid in demselben reichlich dankbar. . . . just as you were taught, abounding in thanksgiving. Col. 2:7.

die Dankbarkeit gratitude

die Danksagung thanksgiving

> . . . nichts ist verwerflich, das mit Danksagung empfangen wird. . . . nothing is to be rejected if it is received with thanksgiving. 1 Tim. 4:4.

die Darbysten (plural) Darbyites; Plymouth Brethren

der Deismus deism

der Deist deist

deistisch deistic(al)

der Dekalog Decalogue; the Ten Commandments. Syn.: die Zehn Gebote.

der Dekan dean

das Dekanat deanship

die Dekretalen (plural) Decretals

der Demiurg demiurge. Syn.: der Weltschöpfer.

die Demut humility

> Haltet fest an der Demut. Clothe yourselves . . . with humility. 1 Pet. 5:5.

demütig humble

> . . . den Demütigen gibt er Gnade. God . . . gives grace to the humble. 1 Pet. 5:5.

demütigen to humble

> So demütiget euch nun unter die gewaltige Hand Gottes.

Humble yourselves therefore under the mighty hand of
God. 1 Pet. 5:6.

der Derwisch dervish

der Determinismus determinism. Ant.: die Willensfreiheit.

der Determinist determinist

deterministisch deterministic

der Diakon deacon

das Diakonat deaconate

die Diakonisse (Diakonissin) deaconess

die Diaspora Diaspora; dispersion (of the Jews)

die Didache Didache; The Teaching of the Twelve Apostles.
Syn.: die Apostellehre.

dienen to serve; to minister
. . . des Menschen Sohn ist nicht gekommen, dass er
sich dienen lasse, sondern dass er diene. . . . the Son of
man came not to be served but to serve. Mt. 20:28.

der Diener minister
. . . (Die Obrigkeit) ist Gottes Diener. . . . the author-
ities are ministers of God. Rom. 13:6.

der Dienst ministry; service. Syn.: der Gottesdienst.*
Ich weiss . . . deinen Dienst. I know . . . your service. Rev. 2:19.

das Diesseits this life; life here and now. Antonym: das Jenseits.

der Diözesan diocesan

die Diözese diocese. Syn.: der Kirchsprengel.

die Disputation dispute; disputation. Syn.: der Glaubensstreit; der Religionsstreit; das Religionsgespräch.

disputieren to dispute

der Dissenter dissenter; nonconformist

der Dissident dissident; dissenter; confessor to a different
creed. See also andersgläubig.

das Dogma   dogma. Syn.: die Doktrin; der Lehrsatz; der Glaubenssatz; die Glaubenslehre; die Glaubensvorschrift.

dogmatisch   dogmatic(al)

die Dogmenlehre   dogmatics; doctrinal theology

die Doktrin   doctrine; dogma. Syn.: das Dogma; die Lehre; der Lehrsatz.

der Dom   cathedral. Syn.: die Kathedrale.

der Domchor   cathedral choir

der Domherr   canon; dean. Syn.: der Kanonikus.

der Dominikaner   Dominican; Black Friar

das Domkapitel   cathedral chapter

dreieinig   triune; three in one

die Dreieinigkeit   Trinity; the Holy Trinity. Syn.: die Trinität.

der Dreieinigkeitsbekenner   Trinitarian

das Dreieinigkeitsdogma, die Dreieinigkeitslehre   doctrine of the Trinity

der Dreikönigsabend, das Dreikönigsfest, der Dreikönigstag   Epiphany (**die heiligen drei Könige,** the three Magi)

der Druide   druid

der Dualismus   dualism

der Dualist   dualist

das Dunkel, die Dunkelheit, die Düsternis   darkness. Syn.: die Finsternis.

das Ebenbild   image. Syn.: das Abbild.

. . . nach dem Ebenbild des, der ihn geschaffen hat. . . . after the image of its creator. Col. 3:10.

der Eckstein   (chief) cornerstone

Der Stein, den die Bauleute verworfen, ist zum Eckstein worden. The stone which the builders rejected has become the chief cornerstone. Ps. 118:22.

die Ehe   marriage; matrimony (sacramental and legal)

32

Die Ehe soll ehrlich gehalten werden bei allen. Let marriage be held in honor among all. Heb. 13:4.

der Ehebruch adultery

Denn aus dem Herzen kommen arge Gedanken: . . . Ehebruch. For out of the heart come evil thoughts, . . . adultery. Mt. 15:19.

das Ehehindernis marriage impediment

der Ehekonsens consent of marriage. Syn.: der Konsens.

die Ehelosigkeit celibacy. Syn.: das Zölibat.

ehern bronze. See also die Schlange.*

die Ehre honor

. . . dem sei Ehre und ewiges Reich! To him be honor and eternal dominion. 1 Tim. 6:16.

ehren to honor

Du sollst deinen Vater und deine Mutter ehren. Honor your father and your mother. Ex. 20:12.

die Ehrfurcht awe; reverence

ehrfürchtig awestruck; awful; reverential

der Eid oath. Syn.: der Schwur.

Der Herr hat David einen wahren Eid geschworen— davon wird er sich nicht wenden. The Lord swore to David a sure oath from which he will not turn back. Ps. 132:11.

der Eifer ardor; zeal

die Eigenkirche proprietary church

die Einfalt, die Einfältigkeit innocence; simplicity; singleness of heart

. . . seid gehorsam . . . in Einfalt eures Herzens. . . . be obedient . . . in singleness of heart. . . . Eph. 6:5.

einfältig simple; innocent

der Eingang coming in. See also Ausgang.*

eingeben to inspire. Syn.: inspirieren.

Denn alle Schrift, von Gott eingegeben, ist nütze zur Lehre. All scripture is inspired by God and profitable for teaching. 2 Tim. 3:16.

die Eingebung inspiration. Syn.: die Inspiration.

der eingeborene Sohn only Son; Christ
Also hat Gott die Welt geliebet, dass er seinen einge-borenen Sohn gab. For God so loved the world that he gave his only Son. Jn. 3:16.

einsegnen to confirm. Syn.: konfirmieren; firmeln.

die Einsegnung confirmation. Syn.: die Konfirmation; die Firmelung; die Firmung.

die Einsiedelei hermitage. Syn.: die Klause.

der Einsiedler hermit; anchorite. Syn.: der Eremit; der Klaus-ner; der Anachoret.

einsiedlerisch anchoritic. Syn.: anachoretisch.

die Empfängnis conception

empfehlen to recommend. Syn.: befehlen; * anempfehlen.

das Ende end
Herr, lehre doch mich, dass es ein Ende mit mir haben muss und mein Leben ein Ziel hat. Lord, let me know my end, and what is the measure of my days. Ps. 39:5(4).

der Engel angel
Denn er hat seinen Engeln befohlen über dir, dass sie dich behüten auf allen deinen Wegen. For he will give his angels charge of you to guard you in all your ways. Ps. 91:11.
. . . die Engel Gottes stiegen daran auf und nieder. . . . the angels of God were ascending and descending on it. Gen. 28:12.

engelgleich, engelhaft angelic

die Engelkunde angelology

34

die Engelschar heavenly host; host of angels. Syn.: die himmlischen Heerscharen.

die Engelzungen (plural) tongues of angels
> Wenn ich mit Menschen- und mit Engelzungen redete. If I speak in the tongues of men and of angels. Cor. 13:1.

der englische Gruss, der Engelsgruss Ave Maria; Angelic Salutation (Lk. 1:28).

entgegnen to answer. Syn.: antworten.*

die Entgegnung answer. Syn.: die Antwort.*

entheiligen to profane; to desecrate. Syn.: profanieren; entweihen.
> Ihr sollt nicht . . . entheiligen den Namen deines Gottes. And you shall not . . . profane the name of your God. Lev. 19:12.

die Entheiligung profanation; desecration. Syn.: die Profanierung; die Entweihung.

die Entmythologisierung demythologizing

entrücken to remove; to withdraw

entsühnen, entsündigen to expiate. Syn.: sühnen.

die Entsühnung, die Entsündigung expiation. Syn.: die Sühne.

entweihen to desecrate; to profane. Syn.: profanieren; entheiligen.

die Entweihung desecration; profanation. Syn.: die Profanierung; die Entheiligung.

die Enzyklika encyclical

das Epiphaniasfest Epiphany. Syn.: der Dreikönigstag; das Dreikönigsfest.

episkopal Episcopal

der Episkopale Episcopalian

der Episkopalismus Episcopalianism

die Episkopalkirche Protestant Episcopal Church. Syn.: die Anglikanische Kirche.

das Episkopat episcopate

das Erbarmen mercy; compassion
> So liegt es nun . . . an Gottes Erbarmen. So it depends . . . upon God's mercy. Rom. 9:16.

sich erbarmen to have mercy
> Jesu, lieber Meister, erbarme dich unser! Jesus, Master, have mercy on us. Lk. 17:13.

der Erbarmer he who has compassion
> . . . spricht der Herr, dein Erbarmer. . . . says the Lord, who has compassion on you. Is. 54:10.

sich erbauen to be edified

erbaulich edifying

die Erbauung edification; uplift

die Erbsünde original sin

der Eremit hermit. Syn.: der Klausner; der Einsiedler; der Anachoret.

erfüllen to fulfill
> Die Zeit ist erfüllet, und das Reich Gottes ist herbeigekommen. The time is fulfilled, and the kingdom of God is at hand. Mk. 1:15.

die Erfüllung fulfillment; the fulfilling
> So ist nun die Liebe des Gesetzes Erfüllung. . . . therefore love is the fulfilling of the law. Rom. 13:10.

ergeben resigned; submissive. See also gottergeben.

die Ergebung submission; resignation

erhaben lofty
> Denn also spricht der Hohe und Erhabene. For thus says the high and lofty One. Is. 57:15.

die Erhabenheit loftiness

erhören to hear; to answer; to grant; to hearken
> Und wollest erhören das Flehen deines Knechts . . .,

36

und wenn du es hörest, gnädig sein. And hearken thou to the supplication of thy servant . . . and when thou hearest, forgive. 1 Kings 8:30.

die Erkenntnis knowledge. See also Baum.

Solche Erkenntnis ist mir zu wunderbar und zu hoch; ich kann sie nicht begreifen. Such knowledge is too wonderful for me; it is high, I cannot attain it. Ps. 139:6.

erklären to explain. Syn.: auslegen; interpretieren.

der Erklärer interpreter. Syn.: der Interpret; der Ausleger.

die Erklärung explanation. Syn.: die Auslegung; die Interpretation.

der Erlass 1) decree, edict; 2) release

Alle sieben Jahre sollst du ein Erlassjahr halten. At the end of every seven years you shall grant a release. Deut. 15:1.

erlassen 1) to enact, to publish; 2) to release, to forgive

Welchen ihr die Sünden erlasset, denen sind sie erlassen. If you forgive the sins of any, they are forgiven. Jn. 20:23.

erlösen to redeem; to deliver. Syn.: erretten.

. . . ich will euch erlösen durch einen ausgereckten Arm. I will redeem you with an outstretched arm. Ex. 6:6. . . . erlöse uns von dem Übel. . . . deliver us from evil. Mt. 6:13.

der Erlöser the Redeemer; the Saviour; Christ; redeemer. Syn.: der Erretter.*

Aber ich weiss, dass mein Erlöser lebt. For I know that my Redeemer lives. Job 19:25.

die Erlösung redemption; Redemption. Syn.: das Seelenheil; die Errettung.

. . . viel Erlösung bei ihm. . . . with him is plenteous redemption. Ps. 130:7.

das Erntedankfest Thanksgiving; harvest festival

37

erretten to save; to deliver. Syn.: retten; erlösen.*

. . . dass er uns errettete von unsern Feinden. . . . that we should be saved from our enemies. Lk. 1:71.

der Erretter Saviour; deliverer. Syn.: der Retter; der Erlöser.*

Du bist mein Helfer und Erretter. Thou art my help and my deliverer. Ps. 40:18(17).

die Errettung salvation; deliverance; redemption. Syn.: die Rettung; die Erlösung.*

erschaffen to create. Syn.: schaffen; * schöpfen.*

der Erschaffer the Creator; God. Syn.: der Schöpfer.*

die Erschaffung Creation. Syn.: die Schöpfung.*

die Erstgeburt, der Erstling, der Erstgeborene first-born

. . . alle Erstgeburt in Ägyptenland soll sterben. . . . all the first-born in the land of Egypt shall die. Ex. 11:5.

erwählen to choose. See also auserwählen.

erwarten to wait; to expect. Syn.: warten.*

der Erzbischof archbishop

erzbischöflich archiepiscopal

das Erzbistum archbishopric

der Erzdiakon archdeacon

der Erzengel archangel

Denn er selbst, der Herr, wird mit . . . der Stimme des Erzengels . . . herniederkommen vom Himmel. For the Lord himself will descend from heaven . . . with the archangel's call. 1 Thess. 4:16.

erzeugen to beget. Syn.: zeugen.

der Erzfeind the archfiend; Satan. Syn.: der Teufel.*

der Erzpriester archpriest

der Erzvater patriarch. Syn.: der Patriarch.

die Eschatologie eschatology

eschatologisch eschatologic(al)

die Ethik ethics

ethisch ethic(al)

die Eucharistie Eucharist. Syn.: das Abendmahl.*

der Eudämonismus eudaemonism

eudämonistisch eudaemonistic

der Euhemerismus euhemerism

das Evangeliar Gospel book

evangelisch 1) evangelical; 2) Evangelical, Protestant (Syn.: protestantisch).

die evangelische Kirche the Protestant Church

die Evangelischen (plural) Evangelicals; Protestants. Syn.: die Protestanten.

evangelisieren to evangelize; to preach the Gospel. Syn.: bekehren

die Evangelisation, die Evangelisierung evangelization; preaching of the Gospel

der Evangelist 1) Evangelist (Matthew, Mark, Luke, John); 2) evangelist, preacher of the Gospel. Syn.: der Bekehrer; der Glaubensbote.

das Evangelium the Gospel. Syn.: die Heilsbotschaft.

ewig eternal. Syn.: ewiglich
> Wer an den Sohn glaubt, der hat das ewige Leben. He who believes in the Son has eternal life. Jn. 3:36.

der Ewige, Gott Everlasting Father; the Eternal; God
> . . . er heisst . . . Ewig-Vater. . . . his name will be called . . . Everlasting Father. Is. 9:6.

der Ewige Jude the Wandering Jew

die Ewigkeit eternity
> . . . bist du, Gott, von Ewigkeit zu Ewigkeit. . . . from everlasting to everlasting thou art God. Ps. 90:2.

ewiglich eternal; forever. Syn.: ewig *

die Exegese exegesis. Syn.: die Interpretation; die Auslegung; die Erklärung.

der Exeget exegete. Syn.: der Interpret; der Erklärer; der Ausleger.

die Exegetik exegetics

exegetisch exegetic(al)

das Exil exile. Syn.: die Babylonische Gefangenschaft.

die Exkommunikation excommunication. Syn.: das Anathem(a); der Bann; der Kirchenbann.

exkommunizieren to excommunicate. Syn.: bannen

der Exkommunizierte excommunicated

der Exorzismus exorcism. Syn.: die Beschwörung.

der Fakir fakir

der falsche Gott false god; idol. Syn.: der Götze *

falten (die Hände) to fold (the hands)

der Fanatiker fanatic. Syn.: der Schwärmer; der Glaubensschwärmer.

fanatisch fanatic(al). Syn.: schwärmerisch; glaubensschwärmerisch.

fanatisieren to make a person a fanatic

der Fanatismus fanaticism. Syn.: die Schwärmerei; die Glaubensschwärmerei; das Zelotentum.

fasten to fast

das Fasten fasting; abstinence. Syn.: die Abstinenz.

die Fasten (plural) Lent. Syn.: die Fastenzeit.

der Fastenprediger Lenten preacher

die Fastenpredigt Lenten sermon

die Fastenspeise Lenten food

die Fastenzeit Lent; fast period. Syn.: die Fasten.

die Fastnacht Shrove Tuesday

der Fasttag fast day

der Fatalismus fatalism

der Fatalist fatalist

fatalistisch fatalistic

das Feg(e)feuer purgatory. Syn.: das Purgatorium.

die Fehle fault. Syn.: die Schuld; * die Sünde; * die Missetat.*
Verzeihe mir die verborgenen Fehle! . . . clear thou
me from hidden faults. Ps. 19:13(12).

die Feier celebration

feiern to celebrate; to keep the sabbath
Das Land soll seine Feier dem Herrn feiern. . . . the
land shall keep a sabbath to the Lord. Lev. 25:2.

der Feiertag holyday; sabbath. Syn.: der Festtag.
Haltet meine Feiertage. . . . you shall keep my sab-
baths. Lev. 19:3.

der Feigenbaum fig tree
Es hatte einer einen Feigenbaum, der war gepflanzt in
seinem Weinberge. A man had a fig tree planted in his
vineyard. Lk. 13:6.

das Feigenblatt fig leaf
. . . und flochten Feigenblätter zusammen und machten
sich Schürze. . . . and they sewed fig leaves together
and made themselves aprons. Gen. 3:7.

der Feind enemy; foe
Liebet eure Feinde. Love your enemies. Mt. 5:44.

die Feindschaft enmity
Und ich will Feindschaft setzen zwischen dir und dem
Weibe. I will put enmity between you and the woman.
Gen. 3:15.

der Feldgeistliche, der Feldkaplan, der Feldprediger army
chaplain. Syn.: der Armeegeistliche.

der Fels(en) rock
. . . auf diesen Felsen will ich bauen meine Gemeinde.
. . . on this rock I will build my church. Mt. 16:18.

das Fest feast; festival

Ja nicht auf das Fest, auf dass nicht ein Aufruhr werde im Volk! Not during the feast, lest there be a tumult among the people. Mt. 26:5.

die Feste, die Feste des Himmels firmament. Syn.: das Firmament

. . . die Feste verkündiget seiner Hände Werk. . . . the firmament proclaims his handiwork. Ps. 19:2(1).

der Festtag holiday; sabbath. Syn.: der Feiertag.*

der Fetisch fetish

der Fetischismus fetishism

der Fetischist fetishist

das Feuer fire

Und ein Feuer ging aus von dem Herrn. And fire came forth from before the Lord. Lev. 9:24.

der Feuerofen furnace of fire. Syn.: die Hölle.

Des Menschen Sohn Engel werden sie in den Feuerofen werfen. . . . and throw them into the furnace of fire. Mt. 13:42.

die Feuersäule pillar of fire

Und der Herr zog vor ihnen her . . . des Nachts in einer Feuersäule. And the Lord went before them . . . by night in a pillar of fire. Ex. 13:21.

feurig fiery

Da sandte der Herr feurige Schlangen. Then the Lord sent fiery serpents. Num. 21:6.

finden to find

. . . suchet, so werdet ihr finden. . . . seek and you will find. Mt. 7:7.

die Finsternis darkness. Syn.: die Düsternis; das Dunkel.

Da schied Gott das Licht von der Finsternis. . . . and God separated the light from the darkness. Gen. 1:4.

das Firmament firmament. Syn.: die Feste; die Feste des Himmels.

firmeln, firmen to confirm. Syn.: konfirmieren; einsegnen.

die Firmelung, die Firmung confirmation. Syn.: die Konfirmation; die Einsegnung.

der Fisch fish
> Wir haben hier nichts denn fünf Brote und zwei Fische. We have only five loaves here and two fish. Mt. 14:17.

der Fischerring Fisherman's ring (of the Pope)

die Fittiche Gottes (plural) pinions of God
> Er wird dich mit seinen Fittichen decken. . . . he will cover you with his pinions. Ps. 91:4.

der Flagellant flagellant

der Flagellantismus flagellantism

flehen to beseech
> Mose aber flehte vor dem Herrn. But Moses besought the Lord. Ex. 32:11.

das Flehen supplication
> Höre die Stimme meines Flehens. Hear the voice of my supplication. Ps. 28:2.

das Fleisch flesh
> Fleisch und Blut hat dir das nicht offenbart. For flesh and blood has not revealed this to you. Mt. 16:17.

fleischlich carnal
> . . . ich bin aber fleischlich, unter die Sünde verkauft. . . . but I am carnal, sold under sin. Rom. 7:14.

die Fleischwerdung incarnation. Syn.: die Inkarnation; die Menschwerdung.

der Fluch curse
> . . . ich lege euch heute vor den Segen und den Fluch. I set before you this day a blessing and a curse. Deut. 11:26.

fluchen to curse

> Verflucht sei, wer dir flucht. Cursed be every one who curses you. Gen. 27:29.

der Franziskaner Franciscan; Gray Friar

frei free

> Bin ich nicht frei? Am I not free? 1 Cor. 9:1.

der Freidenker, der Freigeist freethinker

die Freiheit liberty. See also die Willensfreiheit.

> . . . zu der herrlichen Freiheit der Kinder Gottes. . . . obtain the glorious liberty of the children of God. Rom. 8:21.

die Freikirche Free Church; Nonconformity; Independency

der Freimaurer Freemason. Syn.: der Maurer.

die Freimaurerei Freemasonry. Syn.: die Maurerei.

freimaurerisch freemasonic. Syn.: maurerisch.

die Freude joy

> Also auch . . . wird Freude sein vor den Engeln Gottes über einen Sünder, der Busse tut. Even so . . . there is joy before the angels of God over one sinner who repents. Lk. 15:10.

freudig joyful; courageous; bold. Syn.: zuversichtlich.

> Sei nur getrost und sehr freudig. Only be strong and very courageous. Josh. 1:7.

die Freudigkeit joyfulness; boldness. Syn.: die Zuversichtlichkeit.

> . . . gieb deinen Knechten, mit aller Freudigkeit zu reden dein Wort. . . . grant to thy servants to speak thy word with all boldness. Acts 4:29.

sich freuen to rejoice

> . . . werdet ihr euch freuen mit unaussprechlicher und herrlicher Freude. . . . and rejoice with unutterable and exalted joy. 1 Pet. 1:8.

44

der Friede peace

Der Gott aber des Friedens sei mit euch allen! The God of peace be with you all. Rom. 15:33.

der Friedefürst Prince of Peace (Christ)

. . . er heisst . . . Friede-Fürst. . . . his name will be called . . . Prince of Peace. Is. 9:6.

friedfertig, friedsam peacemaking; peace-loving; peaceable

Selig sind die Friedfertigen. Blessed are the peacemakers. Mt. 5:9. Die Weisheit aber von obenher ist . . . friedsam. But the wisdom from above is . . . peaceable Jas. 3:17.

der Friedhof churchyard; cemetery; God's acre. Syn.: dei Gottesacker; der Kirchhof.

fromm righteous; pious; godly; blameless. Syn.: gottesfürchtig.*

. . . Wandle vor mir und sei fromm. . . . walk before me, and be blameless. Gen. 17:1.

die Frömmigkeit piety; godliness; reverence. Syn.: die Gottesfurcht.*

das Fronleichnamsfest Corpus Christi

die Frucht fruit

. . . wird die Frucht deines Leibes segnen und die Frucht deines Landes. He will also bless the fruit of your body and the fruit of your ground. Deut. 7:13.

fruchtbar fruitful

Und Gott . . . sprach zu ihnen: Seid fruchtbar und mehret euch. And God . . . said to them, "Be fruitful and multiply." Gen. 1:28.

die Fülle abundance; fullness (fulness)

Denn in ihm wohnet die ganze Fülle der Gottheit leibhaftig. For in him the whole fulness of deity dwells bodily. Col. 2:9.

der Fundamentalismus   fundamentalism

der Fundamentalist   fundamentalist

fundamentalistisch   fundamentalistic

die Fürbitte   intercession. Syn.: die Fürsprache.

> So ermahne ich nun, dass man vor allen Dingen zuerst tue Bitte, Gebet, Fürbitte und Danksagung für alle Menschen. First of all, then, I urge that supplications, prayers, intercessions, and thanksgivings be made for all men. 1 Tim. 2:1.

fürbitten   to intercede

die Furcht   fear. Syn.: die Angst;* die Herzensangst; * die Seelenangst.

> Dienet dem Herrn mit Furcht. Serve the Lord with fear. Ps. 2:11.

die Furcht Gottes; die Furcht des Herrn   fear of God; fearing the Lord. Syn.: die Gottesfurcht.

> . . . dass keine Gottesfurcht bei ihnen ist. . . . there is no fear of God before his eyes. Ps. 36:2(1).

fürchten   to fear; to have fear; to be afraid

> Aber alsbald redete Jesus mit ihnen und sprach: Seid getrost, ich bin's; fürchtet euch nicht! But immediately he spoke to them, saying, "Take heart, it is I; have no fear." Mt. 14:27.

furchtsam   afraid; scared; fearful

> Ihr Kleingläubigen, warum seid ihr so furchtsam? Why are you afraid, O men of little faith? Mt. 8:26.

die Fürsprache   intercession. Syn.: die Fürbitte.

der Fürsprecher   advocate; intercessor

> . . . so haben wir einen Fürsprecher bei dem Vater, Jesum Christum, der gerecht ist. . . . we have an advocate with the Father, Jesus Christ the righteous. 1 Jn. 2:1.

die Fusswaschung foot washing (Jn. 13:1–17).

die Gabe offering; gift
> Opfer und Gaben hast du nicht gewollt. Sacrifices and offerings thou hast not desired. Heb. 10:5.

der Gallikanismus Gallicanism

das Gebet prayer
> . . . erhöre mein Gebet. . . . hear my prayer. Ps. 4:2(1).

das Gebetbuch prayer book

die Gebetriemen (plural) phylacteries (Deut. 6:8, 11:18)

das Gebot commandment (for Zehn Gebote, see Zehn)
> Werdet ihr . . . meine Gebote halten. If you . . . observe my commandments. Lev. 26:3.

der Gedanke thought; idea. Syn.: die Idee.
> Denn meine Gedanken sind nicht eure Gedanken, und eure Wege sind nicht meine Wege, spricht der Herr. For my thoughts are not your thoughts, neither are your ways my ways, says the Lord. Is. 55:8.

die Geduld endurance; patience. Syn.: die Langmut.*
> Fasset eure Seelen mit Geduld. By your endurance you will gain your lives. Lk. 21:19.

geduldig patient. Syn.: langmütig.*
> Seid . . . geduldig in Trübsal. . . . be patient in tribulation. Rom. 12:12

gefällig acceptable; pleasing. Syn.: angenehm.*
> Wer darin Christo dient, der ist Gott gefällig. He who thus serves Christ is acceptable to God. Rom. 14:18.

die Gefangenschaft captivity. See also: die Babylonische Gefangenschaft

das Gefühl feeling

die Gegenreformation Counter Reformation

die Gegenwart 1) presence; 2) present time, modern times. Syn.: die Neuzeit.

> . . . nicht allein in meiner Gegenwart, sondern auch nun viel mehr in meiner Abwesenheit. . . . not only as in my presence but much more in my absence. Phil. 2:12.

gegenwärtig present

> Nun sind wir alle hier gegenwärtig vor Gott. Now therefore we are all here present in the sight of God. Acts 10:33. . . . weder Gegenwärtiges noch Zukünftiges . . . mag uns scheiden von der Liebe Gottes, die in Christo Jesu ist, unserm Herrn. . . . nor things present, nor things to come . . . will be able to separate us from the love of God in Christ Jesus our Lord. Rom. 8:38–39.

gehorchen to obey

> Man muss Gott mehr gehorchen denn den Menschen. We must obey God rather than men. Acts 5:29.

der Gehorsam obedience

> . . . durch eines Gehorsam werden viele Gerechte. . . . by one man's obedience many will be made righteous. Rom. 5:19.

gehorsam obedient

> Ihr Knechte, seid gehorsam euren leiblichen Herren. Slaves, be obedient to those who are your earthly masters. Eph. 6:5.

der Geist 1) spirit; 2) ghost. See also das Gespenst; der Heilige Geist.

> In deine Hände befehle ich meinen Geist. Into thy hand I commit my spirit. Ps. 31:6(5); Lk. 23:46.

der Geist Gottes the Spirit of God

> . . . und der Geist Gottes schwebte auf dem Wasser. . . . and the Spirit of God was moving over the face of the waters. Gen. 1:2.

48

geistlich spiritual

> Von den geistlichen Gaben aber will ich euch, liebe Brüder, nicht verhalten. Now concerning spiritual gifts, brethren, I do not want you to be uninformed. 1 Cor. 12:1.

der Geistliche minister; priest; pastor; clergyman. Syn.: der Priester; * der Seelsorger; der Seelenhirt; der Kleriker

die Geistlichkeit clergy. Syn.: der Klerus; die Priesterschaft.

gekreuzigt crucified

> . . . wir aber predigen den gekreuzigten Christus. . . . we preach Christ crucified. 1 Cor. 1:23.

geloben to vow **(das Gelobte Land,** Land of Promise)

> . . . wie du dem Herrn, deinem Gott, freiwillig gelobt hast, was du mit deinem Mund geredet hast. . . . for you have voluntarily vowed to the Lord your God what you have promised with your mouth. Deut. 23:23.

das Gelöbnis, das Gelübde vow

> . . . bezahle dem Höchsten deine Gelübde. . . . pay your vows to the Most High. Ps. 50:14.

die Gemeinde, die Gemeine community; congregation. Syn.: die Kongregation.

> Darum bleiben die Gottlosen nicht im Gericht, noch die Sünder in der Gemeine der Gerechten. Therefore the wicked will not stand in the judgment, nor sinners in the congregation of the righteous. Ps. 1:5. Singet dem Herrn ein neues Lied; die Gemeine der Heiligen soll ihn loben. Sing to the Lord a new song, his praise in the assembly of the faithful! Ps. 149:1.

das Gemeindemitglied, das Gemeindeglied member of a congregation; parishioner

der Gemeindevorsteher, der Gemeindevorstand chairman of a congregation; elder

die Gemeinschaft fellowship; communion

So wir sagen, dass wir Gemeinschaft mit ihm haben. If we say we have fellowship with him. 1 Jn. 1:6.

das Gemüt mind

Du sollst lieben Gott, deinen Herrn, von ganzem Herzen, von ganzer Seele, und von ganzem Gemüte. You shall love the Lord your God with all your heart, and with all your soul, and with all your mind. Mt. 22:37.

gerecht just; righteous

Der Herr ist gerecht in allen seinen Wegen. The Lord is just in all his ways. Ps. 145:17. Willst du denn den Gerechten mit dem Gottlosen umbringen? Wilt thou indeed destroy the righteous with the wicked? Gen. 18:23.

die Gerechtigkeit justice; righteousness. Syn.: das Recht.*

Deine Gerechtigkeit ist eine ewige Gerechtigkeit. Thy righteousness is righteous for ever. Ps. 119:142.

gereuen to repent. Syn.: bereuen; reuen.*

. . . so wird den Herrn auch gereuen das Übel, das er wider euch geredet hat. . . . and the Lord will repent of the evil which he has pronounced against you. Jer. 26:13.

das Gericht judgment. See also Jüngste Gericht.*

Der Herr . . . hat seinen Stuhl bereitet zum Gericht. The Lord . . . has established his throne for judgment. Ps. 9:8(7).

geringst least

Denn ich bin der geringste unter den Aposteln. For I am the least of the apostles. 1 Cor. 15:9.

der Gesalbte the anointed. Syn.: Christus; der Messias. See also salben.

. . . die Herren ratschlagen miteinander wider den

Herrn und seinen Gesalbten. . . . the rulers take counsel together, against the Lord and his anointed. Ps. 2:2.

das Geschick fate; destiny. Syn.: die Bestimmung; das Schicksal; die Schickung. See also die Vorsehung; das Walten Gottes.

das Geschöpf creature. Syn.: die Kreatur.

. . . haben geehrt und gedient dem Geschöpfe mehr denn dem Schöpfer. . . . worshiped and served the creature rather than the Creator. Rom. 1:25.

das Gesetz law

Ihr sollt nicht wähnen, dass ich gekommen bin, das Gesetz oder die Propheten aufzulösen. Think not that I have come to abolish the law and the prophets. Mt. 5:17.

das Gesetzbuch book of the law; code

Ich habe das Gesetzbuch gefunden im Hause des Herrn. I have found the book of the law in the house of the Lord. 2 Kings 22:8.

die Gesetzesreligion religion of the Law

der Gesetzgeber lawgiver

Es ist ein einiger Gesetzgeber, der kann selig machen und verdammen. There is one lawgiver and judge, he who is able to save and to destroy. Jas. 4:12.

das Gesicht 1) face (syn.: das Angesicht,* das Antlitz); 2) vision (syn.: die Vision, das zweite Gesicht).

Der sah in einem Gesicht offenbarlich . . . einen Engel Gottes zu sich eingehen. . . . he saw clearly in a vision an angel of God coming in. Acts 10:3.

das Gespenst ghost. See also der Geist.

. . . erschraken sie und sprachen: Es ist ein Gespenst! . . . they were terrified, saying, "It is a ghost!" Mt. 14:26.

der Gesundbeter Christian Scientist

die Gesundbeterei Christian Science. Syn.: die Christliche Wissenschaft.

getreu faithful. Syn.: treu.*

Sei getreu bis an den Tod. Be faithful until death. Rev. 2:10.

das Gewissen conscience

Ihr Männer, liebe Brüder, ich habe mit allem guten Gewissen gewandelt vor Gott bis auf diesen Tag. Brethren, I have lived before God in all good conscience up to this day. Acts 23:1.

die Gewissensfreiheit freedom of conscience; religious freedom; freedom of religion. Syn.: die Toleranz.

der Gewissenszwang intolerance; religious compulsion. Syn.: der Glaubenszwang; die Intoleranz.

der Gewissenszweifel, der Gewissensskrupel (conscientious) scruple; scrupulousness

der Glaube(n) faith; belief

Sei getrost, meine Tochter; dein Glaube hat dir geholfen. Take heart, daughter; your faith has made you well. Mt. 9:22.

der Glaube an Gott belief in God. Syn.: der Gottesglaube.

einen Glauben annehmen to embrace a faith

einen Glauben bekennen to confess a faith

glauben to believe

Tut Busse und glaubt an das Evangelium! . . . repent, and believe in the gospel. Mk. 1:15.

glauben(s)los unbelieving; faithless; infidel. Syn.: ungläubig

der Glaubensabfall apostasy. Syn.: de Apostasie.

glaubensabtrünnig apostate. Syn.: abtrünnig.

glaubensabtrünnig werden to lapse into apostasy; to become an apostate. Syn.: Apostat werden.

die Glaubensänderung change of faith. Syn.: der Glaubenswechsel.

der Glaubensartikel article of faith

das Glaubensbekenntnis creed; confession of faith. See also das Apostolikum; das apostolische Glaubensbekenntnis; das Augsburger Glaubensbekenntnis.

der Glaubensbote apostle; evangelist. Syn.: der Apostel; * der Missionar; der Evangelist.

der Glaubensbruder coreligionist; fellow believer. Syn.: der Glaubensgenosse.

der Glaubenseifer religious zeal. Syn.: das Zelotentum; der Zelotismus.

glaubenseifrig zealous. Syn.: zelotisch.

der Glaubensfanatiker fanatic

der Glaubensfanatismus fanaticism

die Glaubensfreiheit freedom of religion. Syn.: die Religionsfreiheit; die Toleranz.

der Glaubensgenosse coreligionist; fellow believer. Syn.: der Glaubensbruder.

die Glaubensgenossenschaft community of faith

die Glaubensgerechtigkeit righteousness of faith

das Glaubensgericht Inquisition. Syn.: die Inquisition.

die Glaubensheuchelei hypocrisy. Syn.: die Hypokrisie.

der Glaubensheuchler hypocrite. Syn.: der Hypokrit.

glaubensheuchlerisch hypocritical. Syn.: hypokritisch.

die Glaubenslehre dogma. Syn.: das Dogma; die Doktrin; der Lehrsatz.

der Glaubensrichter inquisitor

der Glaubenssatz dogma. Syn.: das Dogma; der Lehrsatz.

der Glaubensschwärmer zealot. Syn.: der Zelot; der Fanatiker.

die Glaubensschwärmerei zealotry. Syn.: der Fanatismus; das Zelotentum.

53

glaubensschwärmerisch zealous. Syn.: fanatisch; zelotisch.

die Glaubensspaltung schism. Syn.: das Schisma; die Kirchenspaltung.

der Glaubensstreit religious disputation. Syn.: die Disputation.

die Glaubensvorschrift dogma. Syn.: das Dogma; der Glaubenssatz.

der Glaubenswechsel change of faith. Syn.: die Glaubensänderung.

der Glaubenszeuge martyr. Syn.: der Märtyrer.

der Glaubenszwang intolerance; coercion in matters of faith. Syn.: die Intoleranz; der Gewissenszwang.

gläubig believing

> . . . sei nicht ungläubig, sondern gläubig. . . . do not be faithless, but believing. Jn. 20:27.

der Gläubige the believer

> Oder was für ein Teil hat der Gläubige mit dem Ungläubigen? Or what has a believer in common with an unbeliever? 2 Cor. 6:15.

das Gleichnis parable; likeness

die Glocke bell

das Glockenspiel chime

der Glockenturm belfry

der Glöckner sexton

die Gloriole halo; gloriole. Syn.: der Heiligenschein.

die Gnade mercy; grace (von Gottes Gnaden—Dei gratia, by the grace of God). Syn.: die Gottesgnade.

> Das Volk, so übriggeblieben ist vom Schwert, hat Gnade gefunden in der Wüste. The people who survived the sword found grace in the wilderness. Jer. 31:2.

der Gnadenstuhl, der Gnadenthron mercy seat; throne of grace

> Du sollst auch einen Gnadenstuhl machen. . . . you shall make a mercy seat. Ex. 25:17.

die Gnadenwahl predestination; election. Syn.: die Prädestination; die Vorbestimmung; die Vorausbestimmung.

gnädig merciful; gracious

> Wem ich aber gnädig bin, dem bin ich gnädig. I will be gracious to whom I will be gracious. Ex. 33:19.

die Gnosis, der Gnostizismus Gnosticism

der Gnostiker Gnostic

gnostisch Gnostic(al)

das goldene Kalb molten calf

die goldene Regel golden rule

Gott, Gott-Vater, Herr Gott God; the Lord. Syn.: der Herr; * der Allmächtige; * der Allwissende; der Heilige; * der Herr Zebaoth.*

> Ich bin der Herr, dein Gott. I am the Lord your God. Ex. 20:2.

Gott lästern to blaspheme

gottähnlich godlike. Syn.: gottgleich.

die Gottähnlichkeit godlikeness. Syn.: die Gottgleichheit.

gottbegeistert inspired by God

gottbegnadet blessed by God

gottergeben resigned to the will of God; submissive to the will of God

der Gottesacker God's acre; churchyard; cemetery. Syn.: der Friedhof; der Kirchhof.

der Gottesarm arm of God. Syn.: der Arm Gottes.*

das Gottesauge eye of God. Syn.: das Auge Gottes. See also das Auge.*

der Gottesbeweis argument for the existence of God

der Gottesdienst divine service; worship. Syn.: der Dienst. *

> Die da sind von Israel, welchen gehört . . . der Gottesdienst. They are Israelites, and to them belong . . . the worship. Rom. 9:4.

55

die Gottesdienstordnung liturgy; order of worship. Syn.: die Liturgie.

der Gottesfriede truce of God

die Gottesfülle fullness (fulness) of God

> . . . auf dass ihr erfüllt werdet mit allerlei Gottesfülle.
> . . . that you may be filled with all the fullness of God. Eph. 3:19.

die Gottesfurcht fear of God; fearing the Lord. Syn.: die Furcht Gottes; * die Furcht des Herrn; die Frömmigkeit.

> Ihr Knechte, seid gehorsam mit Gottesfurcht. Slaves, obey fearing the Lord. Col. 3:22.

gottesfürchtig God-fearing; godly; devout. Syn.: fromm. *

> (Paulus) redete zu den Juden und Gottesfürchtigen in der Schule. (Paul) argued in the synagogue with the Jews and the devout persons. Acts 17:17.

der Gottesgedanke idea of God. Syn.: die Gottesidee.

der Gottesgelahrte, der Gottesgelehrte theologian. Syn.: der Theologe.

die Gottesgelahrtheit, die Gottesgelehrtheit theology. Syn.: die Theologie.

der Gottesglaube belief in God. Syn.: der Glaube an Gott.

die Gottesgnade grace of God; mercy of God. Syn.: die Gnade.

die Gottesgüte goodness of God. Syn.: die Allgüte Gottes; die Güte. *

das Gotteshaus church. Syn.: die Kirche.

die Gottesidee idea of God. Syn.: der Gottesgedanke.

der Gotteskasten treasury; alms box. Syn.: der Opferstock.

> Und Jesus setzte sich gegen den Gotteskasten und schaute, wie das Volk Geld einlegte in den Gotteskasten. And he sat down opposite the treasury, and watched the multitude putting money into the treasury. Mk. 12:41.

das Gotteskind son of God. Syn.: die Kinder Gottes. *

die Gotteskindschaft sonship of God. Syn.: die Kindschaft Gottes.*

der Gottesknecht servant of God. Syn.: der Knecht Gottes.*

das Gotteslamm Lamb of God

> Siehe, das ist Gottes Lamm, welches der Welt Sünde trägt! Behold, the Lamb of God, who takes away the sin of the world! Jn. 1:29.

der Gotteslästerer blasphemer. Syn.: der Lästerer.

gotteslästerlich blasphemous. Syn.: blasphemisch; lästerlich.

die Gotteslästerung blasphemy. Syn.: die Blasphemie; die Lästerung.

> Wahrlich, ich sage euch: Alle Sünden werden vergeben den Menschenkindern, auch die Gotteslästerungen, womit sie Gott lästern. Truly, I say to you, all sins will be forgiven the sons of men, and whatever blasphemies they utter. Mk. 3:28.

der Gottesleugner atheist. Syn.: der Atheist; der Gottesverächter.

gottesleugnerisch atheistic(al). Syn.: atheistisch.

die Gottesleugnung atheism. Syn.: der Atheismus.

der Gotteslohn God's reward

das Gottesreich kingdom of God; kingdom of heaven. Syn.: das Reich Gottes; * das Himmelreich. *

der Gottessohn the Son of God. Syn.: der Sohn Gottes; * Christus.

das Gottesurteil ordeal. Syn.: das Ordal.

der Gottesverächter atheist. Syn.: der Atheist; der Gottesleugner.

das Gotteswort the word of God. Syn.: das Wort Gottes.

gottgefällig acceptable to God; pleasing to God. Syn.: angenehm. *

gottgesandt sent by God

gottgeweiht   consecrated to the service of God; Nazirite
Dies ist das Gesetz des Gottgeweihten. And this is the law for the Nazirite. Num. 6:13.

gottgläubig   godly; pious
die Gottgläubigkeit   piety; godliness
gottgleich   godlike. Syn.: gottähnlich.
die Gottgleichheit   godlikeness. Syn.: die Gottähnlichkeit.
die Gottheit   deity; godhead
. . . Gottes unsichtbares Wesen, das ist seine ewige Kraft und Gottheit, wird ersehen. . . . his invisible nature, namely, his eternal power and deity, has been clearly perceived. Rom. 1:20.

die Göttin   goddess
. . . der Tempel der grossen Göttin Diana. . . . the temple of the great goddess Artemis. Acts 19:27.

göttlich   godly
Denn die göttliche Traurigkeit wirkt zur Seligkeit eine Reue. For godly grief produces a repentance that leads to salvation. 2 Cor. 7:10.

die Göttlichkeit   divinity; godhood; godship
gottlos   wicked; godless
Aber die Gottlosen, spricht der Herr, haben keinen Frieden. "There is no peace," says the Lord, "for the wicked." Is. 48:22.

die Gottlosigkeit   godlessness; wickedness
der Gottmensch   God-man (Christ)
der Gott-sei-bei-uns   the Devil. Syn.: der Teufel; * der Satan.
gottselig   godly
Und alle, die gottselig leben wollen in Christo Jesu, müssen Verfolgung leiden. Indeed all who desire to live a godly life in Christ Jesus will be persecuted. 2 Tim. 3:12.

die Gottseligkeit   godliness

. . . übe dich selbst aber in der Gottseligkeit. Train yourself in godliness. 1 Tim. 4:7.

Gott-Vater God the Father

. . . danket Gott und dem Vater durch ihn. . . . giving thanks to God the Father through him. Col. 3:17.

das Gottvertrauen confidence toward God

der Götze idol. Syn.: der Abgott; * das Idol; der falsche Gott.

Und mit den Götzen wird's ganz aus sein. And the idols shall utterly pass away. Is. 2:18.

Götzen dienen to idolatrize. Syn.: Götzendienst treiben; Abgötterei treiben.

das Götzenbild idol

der Götzendiener, die Götzendienerin idolater, idolatress. Syn.: der Abgottanbeter.

Das sollt ihr wissen, dass kein Geiziger, welcher ist ein Götzendiener, Erbe hat an dem Reich Christi und Gottes. Be sure of this, that no . . . one who is covetous (that is, an idolater) has any inheritance in the kingdom of Christ and of God. Eph. 5:5.

götzendienerisch idolatrous. Syn.: abgöttisch.

der Götzendienst, die Götzendienerei idolatry; worship of idols. Syn.: die Abgötterei; * die Idolatrie.

Darum, meine Liebsten, fliehet von dem Götzendienst! Therefore, my beloved, shun the worship of idols. 1 Cor. 10:14.

Götzendienst treiben to idolatrize; to worship idols. Syn.: Abgötterei treiben

das Grab tomb

Wer wälzt uns den Stein von des Grabes Tür? Who will roll away the stone for us from the door of the tomb? Mk. 16:3.

die Grablegung Christi Entombment; Deposition; the burial of Christ

der Gral Holy Grail

das Gras grass

Alles Fleisch ist Gras. All flesh is grass. Is. 40:6.

der Grossinquisitor grand inquisitor

der Gründonnerstag Maundy Thursday; Holy Thursday

die Güte kindness; goodness. Syn.: die Allgüte Gottes; die Gottesgüte

Darum schau die Güte und den Ernst Gottes: den Ernst an denen, die gefallen sind, die Güte aber an dir. Note then the kindness and the severity of God: severity toward those who have fallen, but God's kindness to you. Rom. 11:22.

gütig good; kind

Der Herr ist allen gütig und erbarmt sich aller seiner Werke. The Lord is good to all, and his compassion is over all that he has made. Ps. 145:9.

der gute Hirte the Good Shepherd. Syn: Christus.

Ich bin der gute Hirte. Der gute Hirte lässt sein Leben für die Schafe. I am the good shepherd. The good shepherd lays down his life for the sheep. Jn. 10:12(11).

die guten Werke (plural) good works

Also lasset euer Licht leuchten vor den Leuten, dass sie eure guten Werke sehen und euren Vater im Himmel preisen. Let your light so shine before men, that they may see your good works and give glory to your Father who is in heaven. Mt. 5:16.

die Hagiographen (plural) Hagiographa

der Hagiograph hagiographer

die Hagiographie hagiography; hagiology

Hallelujah hallelujah

das Halljahr jubilee. Syn.: das Jubeljahr; das Jobeljahr.
. . . das fünfzigste Jahr ist euer Halljahr. A jubilee shall
that fiftieth year be to you. Lev. 25:11.

die Hand hand (die tote Hand, mortmain)
Ich recke meine Hand aus, und niemand achtet darauf.
(I) have stretched out my hand and no one has heeded.
Prov. 1:24 . . . und hob die Hände auf und segnete sie.
. . . and lifting up his hands he blessed them. Lk. 24:50.

die Handauflegung laying on of hands
. . . mit Handauflegung der Ältesten. . . . when the
elders laid their hands upon you. 1 Tim. 4:14.

die Häresie heresy. Syn.: die Ketzerei; die Irrlehre.

der Häretiker heretic. Syn.: der Ketzer; der Irrlehrer.

häretisch heretical. Syn.: ketzerisch.

die Harfe harp; lyre
. . . wach auf, Psalter und Harfe. Awake, O harp and
lyre! Ps. 57:9(8).

heben lift. Syn.: aufheben. *

der Hebräer Hebrew. Syn.: der Jude; der Israelit.

hebräisch Hebrew. Syn.: jüdisch; israelitisch.

der Hedonismus hedonism

der Hedonist hedonist

hedonistisch hedonic; hedonist(ic)

die Hedschra Hegira

das Heer army
Wenn ihr aber sehen werdet Jerusalem belagert mit
einem Heer, so merket, dass herbeigekommen ist ihre
Verwüstung. But when you see Jerusalem surrounded by
armies, then know that its desolation has come near. Lk.
21:20.

die Heerscharen (plural) host(s)

61

Und alsbald war da bei dem Engel die Menge der himmlischen Heerscharen. And suddenly there was with the angel a multitude of the heavenly host. Lk. 2:13. Lobet den Herrn, alle seine Heerscharen, seine Diener, die ihr seinen Willen tut! Bless the Lord, all his hosts, his ministers that do his will! Ps. 103:21.

der Heide, die Heidin pagan; heathen; infidel. Syn.: der Ungläubige.

der Heidenbekehrer missionary. Syn.: der Missionar.

die Heidenbekehrung missionary work; conversion of heathens to Christianity. Syn.: die Heidenmission.

das Heidenbild idol. Syn.: das Idol; das Götzenbild.

der Heidenchrist Gentile Christian

das Heidenchristentum Gentile Christianity

der Heidengenosse fellow pagan

der Heidengott pagan god; heathen god

die Heidenmission mission in heathen lands. Syn.: die Heidenbekehrung.

der Heidenmissionar missionary in heathen lands

der Heidentempel heathen temple

das Heidentum 1) heathen belief; 2) heathen world.

heidnisch heathen(ish); pagan

heidnisch machen, heidnisch werden to paganize

das Heil salvation

Und ist in keinem andern Heil. And there is salvation in no one else. Acts 4:12. Meine Seele verlangt nach deinem Heil. My soul languishes for thy salvation. Ps. 119:81.

heilen to heal

wer . . . heilet alle deine Gebrechen. . . . who heals all your diseases. Ps. 103:3.

heilig holy

Heilig, heilig, heilig ist der Herr Zebaoth. Holy, holy, holy is the Lord of hosts. Is. 6:3.

der Heiligabend, der Heilige Abend   Christmas Eve. Syn.: der Weihnachtsabend.

der Heilige   the Holy One; saint
> Denn ich bin der Herr, dein Gott, der Heilige in Israel, dein Heiland. For I am the Lord your God, the Holy One of Israel, your Savior. Is. 43:3. Fürchtet den Herrn, ihr seine Heiligen! O fear the Lord, you his saints. Ps. 34:10(9).

das Heilige Abendmahl   the Lord's Supper; Eucharist

der Heilige Christ   Christmas. Syn.: Weihnachten.

die Heilige Familie   Holy Family

der Heilige Geist   Holy Ghost; Holy Spirit; Comforter; Paraclete
> Nehmet hin den heiligen Geist! Receive the Holy Spirit. Jn. 20:22. . . . der wird euch mit dem heiligen Geist und mit Feuer taufen. . . . he will baptize you with the Holy Spirit and with fire. Mt. 3:11.

das Heilige Grab   Holy Sepulcher

die Heilige Schrift   Holy Writ; Bible. Syn.: die Bibel.

die Heilige Sippe   Holy kinship

der Heilige Stuhl   Holy See

der Heilige Vater   Holy Father; the Pope. Syn.: der Papst.

die Heilige Woche   Passion week

heiligen   to hallow; to sanctify; to consecrate. Syn.: heilig machen.
> Geheiliget werde dein Name. Hallowed be thy name. Mt. 6:9.

die Heiligen drei Könige   the three Magi; the three wise men from the East (Mt. 2:1–12). Syn.: die Weisen aus dem Morgenland.

das Heiligenbild icon; image of a saint. Syn.: das Ikon.

der Heiligendienst worship of saints

die Heiligengeschichte hagiography; hagiology

der Heiligenschein halo; gloriole; aureole. Syn.: die Gloriole; der Nimbus.

die Heiligenverehrung veneration of saints

die Heilighaltung des Sonntags observing of the Sabbath

die Heiligkeit holiness; title given to the Pope

Heiligkeit ist die Zierde deines Hauses, o Herr, ewiglich. . . . holiness befits thy house, O Lord, for evermore. Ps. 93:5.

das Heiligkeitsgesetz the Code of Holiness; the Holiness Code (Lev. 17–26)

heiligsprechen to canonize. Syn.: kanonisieren.

die Heiligsprechung canonization. Syn.: die Kanonisation.

das Heiligtum sanctuary; temple. Syn.: der Tempel; * die Kirche.

Lobet den Herrn in seinem Heiligtum. Praise God in his sanctuary. Ps. 150:1.

die Heiligtumsschändung sacrilege. Syn.: die Kirchen-schändung; die Tempelschändung; das Sakrileg.

die Heiligung sanctification

. . . welcher uns gemacht ist von Gott . . . zur Heiligung. . . . whom God made our . . . sanctification. 1 Cor. 1:30.

die Heilsarmee Salvation Army

die Heilsbotschaft evangel; Gospel; good tidings. Syn.: das Evangelium.

die Heilsgeschichte history of Salvation

der Hellenismus Hellenism

hellenistisch Hellenistic

der Hellseher clairvoyant

die Hellseherei, die Hellsehergabe clairvoyance

hellseherisch clairvoyant

der Henotheismus henotheism

die Hermeneutik hermeneutics

hermeneutisch hermeneutic

der Herr the Lord. Syn.: Jahwe; Gott; * Christus

> Ich bin der Herr, dein Gott. I am the Lord your God.
> Ex. 20:2.

der Herr der Heerscharen Lord of hosts. Syn.; Zebaoth; *
Herr Zebaoth.*

> Lobet den Herrn, alle seine Heerscharen, seine Diener.
> Bless the Lord, all his hosts, his ministers. Ps. 103:21.

der Herr Zebaoth Lord God of hosts. Syn.: der Herr der Heerscharen, * Zebaoth. *

> . . . Er heisst Herr, Gott Zebaoth. . . . the Lord, the
> God of hosts, is his name! Amos 4:13.

der Herrgott God; the Lord

herrlich glorious

> . . . nach dem herrlichen Evangelium des seligen Gottes,
> welches mir vertrauet ist. . . in accordance with the
> glorious gospel of the blessed God with which I have
> been entrusted. 1 Tim. 1:11.

die Herrlichkeit glory

> Habe ich dir nicht gesagt, so du glauben würdest, du
> solltest die Herrlichkeit Gottes sehen? Did I not tell you
> that if you would believe you would see the glory of
> God? Jn. 11:40.

die Herrnhuter (plural) Herrnhuters; Bohemian Brethren.
Syn.: die Böhmischen Brüder; die Mährischen Brüder.

der Herrscher 1) the Lord God; 2) ruler

> Herr, unser Herrscher, wie herrlich ist dein Name in
> allen Landen. O Lord, our Lord, how majestic is thy

name in all the earth! Ps. 8:2(1). Der Herr hat die Rute der Gottlosen zerbrochen, die Rute der Herrscher. The Lord has broken the staff of the wicked, the scepter of rulers. Is. 14:5.

das Herz   heart

. . . mein Herz freut sich, dass du so gerne hilfst. . . . my heart shall rejoice in thy salvation. Ps. 13:6(5).

die Herzensangst   anguish of heart; trouble of heart. Syn.: die Angst; * die Furcht; * die Seelenangst.

Die Angst meines Herzens ist gross; führe mich aus meinen Nöten! Relieve the troubles of my heart, and bring me out of my distresses. Ps. 25:17.

der Herzenskündiger   who knows the heart. Syn.: der Kündiger der Herzen.

Gott, der Herzenskündiger, zeugete über sie. And God who knows the heart bore witness to them. Acts 15:8.

die Heuchelei   hypocrisy. Syn.: die Hypokrisie; die Glaubensheuchelei.

Also auch ihr: von aussen scheinet ihr vor den Menschen fromm, aber inwendig seid ihr voller Heuchelei und Untugend. So you also outwardly appear righteous to men, but within you are full of hypocrisy and iniquity. Mt. 23:28.

heucheln   to play the hypocrite

der Heuchler   hypocrite. Syn.: der Hypokrit.

Und wenn du betest, sollst du nicht sein wie die Heuchler. And when you pray, you must not be like the hypocrites. Mt. 6:5.

heuchlerisch   hypocritical

die Hexe   witch; sorceress

der Hexenglaube   belief in witches

der Hexenprozess   witches' trial

der Hexensabbat witches' sabbath
die Hexerei witchcraft; black art. Syn.: die schwarze Kunst.
die Hierarchie hierarchy
die Hilfe help
> Meine Hilfe kommt vom Herrn, der Himmel und Erde gemacht hat. My help comes from the Lord, who made heaven and earth. Ps. 121:2.

der Himmel heaven
> Siehe, der Himmel und aller Himmel Himmel können dich nicht fassen. Behold, heaven and the highest heaven cannot contain thee. 1 Kings 8:27.

die Himmelfahrt Christi Ascension of Christ (Acts 1:9)
die Himmelfahrt Mariä Assumption of the Virgin Mary
der Himmelfahrtstag Ascension Day
das Himmelreich kingdom of heaven. Syn.: das Reich Gottes. *
> Tut Busse, das Himmelreich ist nahe herbeigekommen! Repent, for the kingdom of heaven is at hand. Mt. 3:2.

das Himmelsbrot grain of heaven; manna (Ex. 16:14-36)
> . . . und liess das Man auf sie regnen, zu essen, und gab ihnen Himmelsbrot. . . . and he rained down upon them manna to eat, and gave them the grain of heaven. Ps. 78:24.

himmlisch heavenly
> . . . euer himmlischer Vater weiss, dass ihr des alles bedürfet. . . . your heavenly Father knows that you need them all. Mt. 6:32.

der Hinduismus Hinduism
hinscheiden to depart; to pass away; to die. Syn.: abscheiden; * verscheiden; sterben.
das Hinscheiden departure; decease; death. Syn.: das Abscheiden; * das Verscheiden; der Tod. *

67

die Hiobspost Job's post

der Hirt, der Hirte shepherd. See also der gute Hirte

> Der Herr ist mein Hirte; mir wird nichts mangeln. The Lord is my shepherd, I shall not want. Ps. 23:1.

der Hirtenstab (eccl.) crosier. Syn.: der Bischofsstab.

die historische Bibelkritik historical criticism

der Hochaltar high altar. Syn.: der Choraltar.

das Hochamt high mass

die Hochkirche High Church

der Hochmut pride. Syn.: die Hoffart. *

> Der Hochmut deines Herzens hat dich betrogen. The pride of your heart has deceived you. Obad. 3.

hochmütig proud; arrogant. Syn.: hoffärtig. *

das Höchste Wesen, der Höchste, der Allerhöchste the Most High; Godhead; the Supreme Being

> Wer unter dem Schirm des Höchsten sitzt. He who dwells in the shelter of the Most High. Ps. 91:1.

die Hoffart pride; haughtiness. Syn.: der Hochmut.

> Der Herr hat geschworen wider die Hoffart Jakobs. The Lord has sworn by the pride of Jacob. Amos 8:7.

hoffärtig proud; haughty. Syn.: hochmütig. *

> Denn der Tag des Herrn Zebaoth wird gehen über alles Hoffärtige. For the Lord of hosts has a day against all that is proud. Is. 2:12.

hoffen to hope; to trust

> Mein Gott, ich hoffe auf dich. O my God, in thee I trust. Ps. 25:2.

die Hoffnung hope

> . . . Hoffnung aber lässt nicht zu Schanden werden. . . . hope does not disappoint us. Rom. 5:5.

das Hohelied the Song of Songs; the Song of Solomon. Syn.: das Lied der Lieder

der Hohepriester High Priest

   . . . geschah des Herrn Wort . . . zu Josua, dem Sohn Jozadaks, dem Hohenpriester. . . . the word of the Lord came . . . to Joshua the son of Jehozadak, the high priest. Hag. 1:1.

das Hohepriesteramt High Priest; pontificate

hohepriesterlich pontifical

das Hohepriestertum office of the High Priest; pontificate

die Hölle hell; Sheol; Gehenna. Syn.: der Feuerofen. *

   . . . macht ihr aus ihm ein Kind der Hölle, zwiefältig mehr, denn ihr seid. . . . you make him twice as much a child of hell as yourselves. Mt. 23:15.

zur Hölle fahren go to hell

der Höllendrache(n) infernal dragon; Satan; Devil

die Höllenfahrt descent into limbo

der Höllenfürst prince of hell, Satan

die Höllenpforte gate of hell

der Höllenpfuhl hellish pool

der Höllenrachen, der Höllenschlund mouth of hell; jaws of hell

der Höllenrand limbo. Syn.: die Vorhölle.

die Höllenstrafe everlasting punishment; damnation; torment of hell. Syn.: die Verdammnis.

höllisch infernal

die Homiletik homiletics

homiletisch homiletic(al)

die Homilie homily; sermon

der Honig. See die Milch.*

Hosianna hosanna

die Hostie Host; holy wafer. Syn.: das Abendmahlsbrot.

die Hostienschändung desecration of the Host

der Hostienteller paten; tray for the bread in the celebration of the Eucharist. Syn.: der Kelchdeckel; der Kelchteller; die Patene.

der Hugenotte   Huguenot

der Hussite   Hussite

die Hussitenkriege (plural)   the Hussite Wars

hussitisch   Hussite

hüten   to keep watch

. . . (Hirten) hüteten des Nachts ihrer Herde. . . . shepherds . . . keeping watch over their flock by night. Lk. 2:8.

der Hüter   keeper

. . . soll ich meines Bruders Hüter sein? . . . am I my brother's keeper? Gen. 4:9.

die Hütte   tabernacle. Syn.: die Stiftshütte.

Also ward vollendet das ganze Werk der Wohnung der Hütte des Stifts. Thus all the work of the tabernacle of the tent of meeting was finished. Ex. 39:32.

die Hymne   hymn. Syn.: das Kirchenlied; der Choral; der Lobgesang. *

Hymnen singen   to hymn

das Hymnenbuch   hymnal; hymnbook

der Hymnengesang   hymnody

der Hypnotismus   hypnotism

die Hypokrisie   hypocrisy. Syn.: die Glaubensheuchelei; die Scheinheiligkeit; die Heuchelei.

der Hypokrit   hypocrite. Syn.: der Heuchler; der Glaubensheuchler.

hypokritisch   hypocritical. Syn.: (glaubens)heuchlerisch; scheinheilig.

die Idee   idea. Syn.: der Gedanke.* See: der Gottesgedanke; die Gottesidee.

das Idol idol. Syn.: der Götze; * der Abgott; * der falsche Gott.

die Idolatrie idolatry. Syn.: der Götzendienst. *

das Ikon, icon. Syn.: das Heiligenbild.

der Ikonoklasmus iconoclasm. Syn.: die Bilderstürmerei.

der Ikonoklast iconoclast. Syn.: der Bilderstürmer.

ikonoklastisch iconoclastic. Syn.: bilderstürmerisch.

das Imprimatur imprimatur

der Indeterminismus indeterminism. Syn.: die Willensfreiheit.

die Infallibilität infallibility. Syn.: die Unfehlbarkeit.

die Inkarnation incarnation. Syn.: die Fleischwerdung; die Menschwerdung.

die Inquisition Inquisition; Holy Office. Syn.: das Glaubensgericht.

der Inquisitor inquisitor

inquisitorisch inquisitorial

die Inspiration inspiration. Syn.: die Eingebung.

inspirieren to inspire. Syn.: eingeben. *

das Interdikt interdict

der Interpret interpreter; exegete. Syn.: der Exeget.

die Interpretation interpretation; exegesis. Syn.: die Auslegung; * die Erklärung; die Exegese.

interpretieren to interpret; to explain. Syn.: auslegen; * erklären.

intolerant intolerant. Syn.: unduldsam; fanatisch.

die Intoleranz intolerance. Syn.: die Unduldsamkeit; der Gewissenszwang; der Glaubenszwang; der Religionszwang.

die Investitur investiture

der Investiturstreit investiture controversy

irdisch earthly; worldly; terrestrial. Syn.: weltlich; * profan.
Das ist nicht die Weisheit, die von obenherab kommt,

71

sondern irdisch. This wisdom is not such as comes down from above, but is earthly. Jas. 3:15.

die Irrlehre heresy. Syn.; die Häresie; die Ketzerei.

der Irrlehrer heretic. Syn.: der Häretiker; der Ketzer.

der Islam Islam; Mohammedanism; Islamism

der Islamit Islamite; Mohammedan

islamitisch Islamic; Islamitic

der Israelit Israelite. Syn.: der Jude; der Hebräer.

israelitisch Israelitic. Syn.: jüdisch; hebräisch.

Jahve Yahweh, Jahveh, Jahve. Syn.: Gott.

die Jakobsleiter Jacob's ladder (Gen. 28:12)

der Jakobssegen Jacob's blessing (Gen. 49:1–28)

das Jammertal valley of tears (and woe); valley of Baca
... die durch das Jammertal gehen und machen daselbst Brunnen. As they go through the valley of Baca they make it a place of springs. Ps. 84:7(6).

das Jenseits the other world; the life to come; the life hereafter. Antonym: das Diesseits.

der Jesuit Jesuit

der Jesuitenorden Society of Jesus

das Jesuitentum, der Jesuitismus Jesuitism

jesuitisch Jesuitic(al)

das Jobeljahr jubilee. Syn.: das Jubeljahr; das Halljahr; * das Ablassjahr.

der Johanniter knight of St. John

der Johanniterorden Order of St. John

das Jubeljahr jubilee; year of jubilee. Syn.: das Jobeljahr; das Halljahr; * das Ablassjahr.

Judäa Judea

der Jude Jew. (der Ewige Jude—the Eternal Jew). Syn.: der Israelit; der Hebräer.

72

der Judenchrist Jewish Christian

das Judenchristentum Jewish Christianity

der Judengenosse convert to Judaism; proselyte

. . . folgeten Paulo noch viele Juden und gottesfürchtige Judengenossen. . . . many Jews and devout converts to Judaism followed Paul. Acts 13:43.

der Judenkönig King of the Jews. Syn.: der König der Juden. Sei gegrüsst, lieber Judenkönig! "Hail, King of the Jews!" Jn. 19:3.

das Judentum Judaism

die Jüdin Jewess

jüdisch Jewish; Hebrew. Syn.: hebräisch; israelitisch.

der Jünger, die Jüngerin disciple

Und er rief seine zwölf Jünger zu sich. And he called to him his twelve disciples. Mt. 10:1. Zu Joppe aber war eine Jüngerin, mit Namen Tabea. Now there was at Joppa a disciple named Tabitha. Acts 9:36.

die Jüngerschaft discipleship

die Jungfrau Maria The Holy Virgin; the Blessed Virgin

die Jungfrauengeburt, die jungfräuliche Geburt parthenogenesis; virgin birth

das Jüngste Gericht Last Judgment; Day of Judgment. Syn.: das Letzte Gericht; das Weltgericht.

Ich sage euch aber, dass die Menschen müssen Rechenschaft geben am Jüngsten Gericht von einem jeglichen unnützen Wort, das sie geredet haben. I tell you, on the day of judgment men will render account for every careless word they utter. Mt. 12:36.

das Kalb calf. See das goldene Kalb

der Kalvarienberg Calvary; Golgotha. Syn.: der Kreuzberg.

der Kampf fight

73

. . . Kämpfe den guten Kampf des Glaubens. Fight the good fight of the faith. 1 Tim. 6:12.

kämpfen to fight

Ich habe einen guten Kampf gekämpft. I have fought the good fight. 2 Tim. 4:7.

der Kanon canon. Syn.: der Bibelkanon.

der Kanonikus canon; dean. Syn.: der Domherr.

die Kanonisation canonization. Syn.: die Heiligsprechung.

kanonisch canonical

das kanonische Recht canon law. Syn.: das Kirchenrecht.

kanonisieren to canonize. Syn.: heiligsprechen.

der Kantor cantor; precentor

die Kanzel pulpit

der Kanzelredner preacher. Syn.: der Prediger.

die Kapelle chapel

das Kapitel chapter

der Kaplan chaplain. Syn.: der Armeegeistliche; der Marine-geistliche.

die Kapuze capuche

der Kapuziner Capuchin

der Kardinal cardinal

das Kardinalat cardinalate

der Kardinalbischof bishop cardinal

der Kardinalshut cardinal's hat

das Kardinalskollegium college of cardinals

die Kardinalswürde cardinalship

die Kardinaltugend cardinal virtue

der Karfreitag Good Friday

der Karmeliter Carmelite; White Friar

die Karwoche Holy Week

der Kasuist casuist

die Kasuistik casuistry

kasuistisch casuistic(al)

die Katakombe catacomb

der Katechet catechist

die Katechetik catechetics

katechetisch catechetic(al)

der Katechismus catechism

der Katechumene catechumen; neophyte

die Kathedrale cathedral. Syn.: der Dom.

der Katholik Catholic

katholisch Catholic

katholisch machen to Catholicize

katholisch werden to become a Catholic

der Katholizismus Catholicism

der Kelch cup. Syn.: der Becher; * der Abendmahlskelch. *
Mein Vater, ist's möglich, so gehe dieser Kelch von mir.
My Father, if it be possible, let this cup pass from me.
Mt. 26:39.

der Kelchdeckel, der Kelchteller paten; patin; patine. Syn.:
die Patene; der Hostienteller.

die Kelter wine press
Ich trete die Kelter allein, und ist niemand unter den
Völkern mit mir. I have trodden the wine press alone,
and from the peoples no one was with me. Is. 63:3.

keltern to tread grapes; to press out
Siehe, es kommt die Zeit, spricht der Herr, dass man
zugleich . . . keltern und säen wird. "Behold, the days
are coming," says the Lord, "when . . . the treader of
grapes (shall overtake) him who sows the seed." Amos
9:13.

der Kerub cherub. Syn.: der Cherub.*

der Ketzer heretic. Syn.: der Abtrünnige; der Irrlehrer.

75

die Ketzerei heresy. Syn.: der Glaubensabfall; die Häresie; die Irrlehre.

das Ketzergericht Inquisition. Syn.: die Inquisition.

ketzerisch heretic(al). Syn.: häretisch.

die Ketzerverbrennung burning of heretics; auto-da-fé. Syn.: das Autodafé.

die Ketzerverfolgung persecution of heretics

keusch pure; chaste

> Halte dich selber keusch. . . . keep yourself pure. 1 Tim. 5:22.

die Keuschheit purity; chastity

> . . . sei ein Vorbild den Gläubigen . . . in der Keuschheit. . . . set the believers an example . . . in purity. 1 Tim. 4:12.

die Kinder Gottes (plural) sons (children) of God. Syn.: das Gotteskind.

> Ihr seid Kinder des Herrn, eures Gottes. You are the sons of the Lord your God. Deut. 14:1.

die Kindschaft Gottes sonship of God; adoption as sons. Syn.: die Gotteskindschaft.

> . . . die da sind von Israel, welchen gehört die Kindschaft. . . . They are Israelites, and to them belong the sonship . . . Rom. 9:4.

> . . . dass wir die Kindschaft empfingen. . . . so that we might receive adoption as sons. Gal. 4:5.

die Kirche church. Syn.: das Gotteshaus. Related phrases: die sichtbare Kirche, the visible church; die unsichtbare Kirche, the invisible church; die streitbare Kirche, the Church militant; die triumphierende Kirche, the Church triumphant.

der Kirchenälteste churchwarden; elder. Syn.: der Älteste.

der Kirchenaustritt secession from a church; withdrawal from church membership

76

der Kirchenbann anathema; excommunication. Syn.: das Anathem(a); die Exkommunikation; der Bann.

die Kirchendisziplin church discipline; ecclesiastical discipline. Syn.: die Kirchenzucht.

die Kirchengeschichte church history

der Kirchengeschichtler, der Kirchenhistoriker church historian

das Kirchenjahr ecclesiastical year

das Kirchenlied chorale; church song; hymn. Syn.: der Choral; die Hymne.

der Kirchenraub sacrilege. Syn.: das Sakrileg; die Kirchenschändung.

das Kirchenrecht canon law. Syn.: das kanonische Recht.

die Kirchenschändung sacrilege. Syn.: der Kirchenraub; das Sakrileg.

das Kirchenschiff nave. Related words: das Kreuzschiff, transept; das Mittelschiff, central aisle; das Querschiff, transept; das Seitenschiff, side aisle.

die Kirchenspaltung schism. Syn.: das Schisma; die Glaubensspaltung.

der Kirchenstaat Papal States; States of the Church

der Kirchenvater (die Kirchenväter) Church Father(s)

die Kirchenverfassung constitution of the church

die Kirchenversammlung church council. Syn.: das Konzil.

die Kirchenweihe dedication of a church. Syn.: die Kirchweihe. *

die Kirchenzucht church discipline; ecclesiastical discipline. Syn.: die Kirchendisziplin; die Zucht; die Klosterzucht.

der Kirchgänger churchgoer

der Kirchhof cemetery; God's acre; churchyard. Syn.: der Gottesacker; der Friedhof.

das Kirchspiel, der Kirchsprengel parish; diocese

der Kirchturm   church tower; steeple

die Kirchweihe   dedication of a church
> Es war aber Kirchweihe in Jerusalem und war Winter.
> It was the feast of the Dedication at Jerusalem; it was
> winter. Jn. 10:22.

die Klage   lamentation; mourning
> David klagte diese Klage über Saul, und Jonathan.
> David lamented with this lamentation over Saul and
> Jonathan. 2 Sam. 1:17.

die Klagelieder des Jeremias   (plural) Lamentations (of
Jeremiah)

die Klagemauer   Wailing Wall

klagen   to wail
> . . . wir haben euch geklagt, und ihr wolltet nicht
> weinen. We wailed, and you did not mourn. Mt. 11:17.

die Klause   hermitage. Syn.: die Einsiedelei.

der Klausner   hermit; anchorite. Syn.: der Einsiedler; der
Eremit; der Anachoret.

kleingläubig, kleinmütig   fainthearted; of little faith
> O du Kleingläubiger, warum zweifeltest du? O man of
> little faith, why did you doubt? Mt. 14:31.

der Kleinmut, die Kleinmütigkeit   faintheartedness

klerikal   cleric(al)

der Klerikalismus   clericalism

der Kleriker   cleric; clergyman. Syn.: der Geistliche.

der Klerus   clergy. Syn.: die Geistlichkeit; die Priesterschaft.

das Kloster   monastery; cloister

das Klostergelübde   monastic vow

klösterlich   monastic(al)

die Klosterzucht   monastic discipline. Syn.: die Kirchenzucht.

der Knecht   manservant; slave
> Lass dich nicht gelüsten deines Nächsten . . . Knechts.

You shall not covet your neighbor's . . . manservant.
Ex. 20:17. Paulus, ein Knecht Gottes. Paul, a servant of
God. Tit. 1:1.

die Knechtschaft bondage; slavery

das Knie knee
Mir sollen sich alle Kniee beugen. To me every knee
shall bow. Is. 45:23.

knie(e)n to kneel; to bow down
. . . lief einer herzu, knieete vor ihn. . . . a man ran
up and knelt before him. Mk. 10:17.

die Kommunion communion; Eucharist. Syn.: das Abendmahl

die Konfession 1) faith (Syn.: der Glaube). 2) creed (Syn.:
das Glaubensbekenntnis)

konfessionslos not belonging to any church

der Konfessionswechsel change of faith. Syn.: der Glaubenswechsel.

der Konfirmand confirmand

der Konfirmandenunterricht instruction for confirmands

die Konfirmation confirmation. Syn.: die Einsegnung; die
Firmelung; die Firmung.

konfirmieren to confirm. Syn.: einsegnen; firmeln.

die Kongregation congregation; community. Syn.: die Ge-
mein(d)e.

der Kongregationalismus congregationalism; Congregationalism

der König king
Aber ich habe meinen König eingesetzt auf meinem
heiligen Berg Zion. I have set my king on Zion, my
holy hill. Ps. 2:6. Bist du der Juden König? Are you the
King of the Jews? Mt. 27:11.

das Königreich kingdom. See also das Reich.
Und ihr sollt mir ein priesterlich Königreich, und ein

heiliges Volk sein. . . . and you shall be to me a kingdom of priests and a holy nation. Ex. 19:6.

das Königreich Gottes kingdom of God. Syn.: das Reich Gottes.*

das Konklave conclave. Syn.: die Papstwahl.

die Konkordanz concordance. Syn.: die Bibelkonkordanz.

das Konkordienbuch Book of Concord, containing the basic Lutheran confessional formularies (1580)

die Konkordienformel Formula of Concord (1577)

der Konsens consent. Syn.: der Ehekonsens.

das Konsistorium consistory

die Konstantinische Schenkung Donation of Constantine

die Konstitution constitution. Syn.: die Verfassung; die Kirchenverfassung.

die Kontemplation contemplation; meditation. Syn.: die Meditation; die Versenkung.

der Konvertit convert; neophyte; proselyte. Syn.: der Proselyt; der Neophyt.

das Konzil council; church council. Syn.: die Kirchenversammlung.

das Konzil von Trient Council of Trent. Syn.: das Tridentiner Konzil.

die Kosmogonie cosmogony

die Kraft power

Denn dein ist das Reich und die Kraft und die Herrlichkeit in Ewigkeit. For thine is the kingdom and the power and the glory, forever. Mt. 6:13.

die Kreatur creature. Syn.: das Geschöpf.

das Kreuz cross

. . . er ward gehorsam bis zum Tode, ja zum Tode am Kreuz. . . . became obedient unto death, even death on a cross. Phil. 2:8.

80

die Kreuz(es)abnahme descent from the cross

der Kreuzberg Calvary. Syn.: der Kalvarienberg (Lk. 23:33).

das Kreuzbild crucifix. Syn.: das Kruzifix.

der Kreuzesstamm Holy Rod

der Kreuzestod crucifixion. Syn.: die Kreuzigung.

der Kreuzfahrer crusader

die Kreuzfahrt crusade. Syn.: der Kreuzzug.

der Kreuzgang cloister

kreuzigen to crucify

> . . . führten ihn hin, dass sie ihn kreuzigten. . . . led him away to crucify him. Mt. 27:31.

die Kreuzigung crucifixion. Syn.: der Kreuzestod.

die Kreuzkirche cruciform church

der Kreuzritter crusader

das Kreuzschiff transept. Syn.: das Querschiff. See also das Kirchenschiff.

die Kreuztragung bearing of the cross

das Kreuz(es)zeichen sign of the cross

der Kreuzzug crusade. Syn.: die Kreuzfahrt.

die Krippe manger

> . . . legte ihn in eine Krippe; denn sie hatten sonst keinen Raum in der Herberge. . . . laid him in a manger, because there was no place for them in the inn. Lk. 2:7.

der Krummstab crosier. Syn.: der Hirtenstab; der Bischofsstab.

das Kruzifix crucifix. Syn.: das Kreuzbild.

die Krypta crypt

der Kulturkampf Kulturkampf (literally: conflict of civilization); struggle between the German Government and the Roman Catholic Church (1872–1878)

der Kündiger der Herzen who knows the heart. Syn.: der Herzenskündiger.*

die Kurie Curia Romana

die Kutte cowl. Syn.: die Mönchskutte.

die Lade ark. Syn.: die Bundeslade.
> Machet eine Lade von Föhrenholz. They shall make an ark of acacia wood. Ex. 25:10. Die Lade des Bundes des Herrn zog vor ihnen her. . . . the ark of the covenant of the Lord went before them. Num. 10:33.

der Laie layman

der Laienbruder lay brother

der Laienpriester lay priest

das Lamm lamb
> Die Wölfe werden bei den Lämmern wohnen. The wolf shall dwell with the lamb. Is. 11:6.

das Lamm Gottes Lamb of God
> Siehe, das ist Gottes Lamm, welches der Welt Sünde trägt! Behold, the Lamb of God, who takes away the sin of the world! Jn. 1:29.

die Lampe lamp. Syn.: die Leuchte.*
> . . . zehn Jungfrauen, die ihre Lampen nahmen. . . . ten maidens who took their lamps. Mt. 25:1.

die Landeskirche territorial church

der Landpfleger governor
> . . . überantworteten ihn dem Landpfleger Pontius Pilatus. . . . delivered him to Pilate the governor. Mt. 27:2.

die Langmut, die Langmütigkeit patience. Syn.: die Geduld.
> Oder verachtest du den Reichtum seiner Güte, Geduld und Langmütigkeit? Or do you presume upon the riches of his kindness and forbearance and patience? Rom. 2:4.

langmütig patient. Syn.: geduldig.*

Die Liebe ist langmütig und freundlich. Love is patient and kind. 1 Cor. 13:4.

die lässliche Sünde venial sin

die Lässlichkeit veniality

der Lästerer blasphemer. Syn.: der Gotteslästerer.

lästerlich blasphemous. Syn.: gotteslästerlich; blasphemisch.

lästern to blaspheme

die Lästerung blasphemy. Syn.: die Gotteslästerung;* die Blasphemie.

Die Lästerung wider den Geist wird den Menschen nicht vergeben. The blasphemy against the Spirit will not be forgiven(men). Mt. 12:31.

das Latein Latin. See also das Bibellatein.

der Latitudinarier latitudinarian

das Laubhüttenfest Feast of Tabernacles

lauter sincere; pure

Die Rede des Herrn ist lauter. The promises of the Lord are promises that are pure. Ps. 12:7(6).

die Lauterkeit sincerity; purity

Darum lasset uns Ostern halten . . . in dem Süssteig der Lauterkeit und der Wahrheit. Let us, therefore, celebrate the festival . . . with the unleavened bread of sincerity and truth. 1 Cor. 5:8.

läutern to purify; to refine

. . . er wird die Kinder Levi reinigen und läutern wie Gold und Silber. . . . he will purify the sons of Levi and refine them like gold and silver. Mal. 3:3.

die Läuterung refinement; purification

das Leben life

Ich bin der Weg und die Wahrheit und das Leben. I am the way, and the truth, and the life. Jn. 14:6.

lebendig living

> Meine Seele dürstet nach Gott, nach dem lebendigen Gott. My soul thirsts for God, for the living God. Ps. 42:3(2).

der Lebensbaum tree of life. See also der Baum.

das Lebensbuch book of life; book of living. Syn.: das Buch der Lebendigen; * das Buch des Lebens.

> . . . die geschrieben sind in dem Lebensbuch des Lammes. . . . those who are written in the Lamb's book of life. Rev. 21:27.

legendär legendary

die Legende legend

die Lehre teaching. Syn.: das Dogma; die Doktrin.

> Aber der Hohepriester fragte Jesum um seine Jünger und um seine Lehre. The high priest then questioned Jesus about his disciples and his teaching. Jn. 18:19.

die Lehre von den Engeln angelology

lehren to teach

> Ich habe allezeit gelehrt in der Schule und in dem Tempel. I have always taught in synagogues and in the temple. Jn. 18:20.

der Lehrer teacher

> Ich bin gelehrter denn alle meine Lehrer. I have more understanding than all my teachers. Ps. 119:99.

der Lehrsatz dogma. Syn.: das Dogma, die Lehre; * die Doktrin.

der Leib body

> Oder wisset ihr nicht, dass euer Leib ein Tempel des heiligen Geistes ist, der in euch ist, welchen ihr habt von Gott? Do you not know that your body is a temple of the Holy Spirit within you, which you have from God? 1 Cor. 6:19.

leibhaftig bodily

Denn in ihm wohnt die ganze Fülle der Gottheit leibhaftig. For in him the whole fulness of deity dwells bodily. Col. 2:9.

das Leid(en) suffering; grief; sorrow

Denn ich halte es dafür, dass dieser Zeit Leiden der Herrlichkeit nicht wert sei, die an uns soll offenbaret werden. I consider that the sufferings of this present time are not worth comparing with the glory that is to be revealed to us. Rom. 8:18.

Leid tragen to mourn

Selig sind, die da Leid tragen. Blessed are those who mourn. Mt. 5:4.

leiden to suffer

das Leiden Christi Passion; suffering of Christ. Syn.: die Passion.

Denn gleichwie wir des Leidens Christi viel haben, also werden wir auch reichlich getröstet durch Christum. For as we share abundantly in Christ's sufferings, so through Christ we share abundantly in comfort too. 2 Cor. 1:5.

das Letzte Gericht Last Judgment. Syn.: das Jüngste Gericht; * das Weltgericht.

die Leuchte lamp. Syn.: die Lampe.*

Denn du erleuchtest meine Leuchte. Yea, thou dost light my lamp. Ps. 18:29(28).

leuchten to shine

. . . der Herr lasse sein Angesicht leuchten über dir. The Lord make his face to shine upon you. Num. 6:25.

der Leuchter lampstand; candlestick

das Licht light

Und Gott sprach: Es werde Licht. Und es ward

Licht. And God said, "Let there be light"; and there was light. Gen. 1:3.

die Liebe love

Die Liebe höret nimmer auf. Love never ends. 1 Cor. 13:8.

lieben, lieb haben to love

. . . er selbst, der Vater, hat euch lieb, darum dass ihr mich liebet. . . . the Father himself loves you, because you have loved me. Jn. 16:27.

die Liebestätigkeit charitableness; charity. Syn.: die Barmherzigkeit; * die Caritas.

das Lied song

Singet ihm ein neues Lied. Sing to him a new song. Ps. 33:3.

das Lied der Lieder the Song of Songs. Syn.: das Hohelied.

die Lilie lily

Schauet die Lilien auf dem Felde, wie sie wachsen. Consider the lilies of the field, how they grow. Mt. 6:28.

die Literarkritik literary criticism

die Liturgie liturgy; order of worship. Syn.: die Gottesdienstordnung.

die Liturgik liturgics

liturgisch liturgic(al)

das Lob praise. Syn.: die Lobpreisung; der Preis.*

Sein Lob soll immerdar in meinem Munde sein. . . . his praise shall continually be in my mouth. Ps. 34:2(1).

loben to praise; to bless; to sing praises. Syn.: lobsingen; * preisen.*

Lobe den Herrn, meine Seele. Bless the Lord, O my soul. Ps. 103:1.

der Lobgesang hymn. Syn.: die Hymne.

Und da sie den Lobgesang gesprochen hatten, gingen sie

hinaus an den Ölberg. And when they had sung a hymn, they went out to the Mount of Olives. Mt. 26:30.

die Lobpreisung praise. Syn.: das Lob; * der Preis.*

lobsingen, lobpreisen to praise; to sing praises; to glorify. Syn.: loben; * preisen.*

Ich will meinem Gott lobsingen, solange ich hie bin. I will sing praises to my God while I have being. Ps. 146:2.

der Lohn reward. Syn.: die Belohnung.*

Wahrlich ich sage euch: Sie haben ihren Lohn dahin. Truly, I say to you, they have their reward. Mt. 6:5.

lohnen to reward. Syn.: belohnen.

die Lossprechung absolution. Syn.: die Absolution.

der Lutheraner Lutheran

Lutheranisch, Lutherisch Lutheran

die Lutherische Kirche Lutheran Church

das Luthertum Lutheranism

die Macht power; strength

Der Herr ist meine Macht und mein Psalm und ist mein Heil. The Lord is my strength and my song; he has become my salvaton. Ps. 118:14.

mächtig mighty

. . . denn er hat grosse Dinge an mir getan, der da mächtig ist. . . . for he who is mighty has done great things for me. Lk. 1:49.

die Magie magic

der Magier magician

magisch magic(al)

die Mährischen Brüder (plural) Bohemian Brethren. Syn.: die Herrnhuter.

die Makkabäer (plural) Maccabees

makkabäisch Maccabean

der Makrokosmus   macrocosm

das or **die Manna, das Man**   manna. Syn.: das Himmelsbrot.*

die Mantik   manticism

mantisch   mantic

der Marinegeistliche   navy chaplain. Syn.: der Kaplan.

der Martinstag, das Martinsfest, Martini   Martinmas, St. Martin's Day

der Märtyrer, die Märtyrerin   martyr

die Märtyrergeschichte   martyrology

der Märtyrertod   martyr's death

das Märtyrertum, das Martyrium   martyrdom

die Martyrologie   martyrology

der Materialismus   materialism

der Materialist   materialist

materialistisch   materialistic

die Mauer   wall, mound. Syn.: der Wall.

> Kommt, lasst uns die Mauern Jerusalems bauen. Come, let us build the wall of Jerusalem. Neh. 2:17.

Mauna   See das Manna.

der Maurer   mason; Freemason. Syn.: der Freimaurer.

die Maurerei   Freemasonry. Syn.: die Freimaurerei.

maurerisch   (free)masonic. Syn.: freimaurerisch.

die Meditation   meditation; contemplation. Syn.: die Versenkung; die Kontemplation.

meditieren   to meditate

das Meer   sea

> Denn sein ist das Meer, und er hat's gemacht. The sea is his, for he made it. Ps. 95:5.

der Meister   Master

> Jesu, lieber Meister, erbarme dich unser! Jesus, Master, have mercy on us. Lk. 17:13.

der Mensch   man

Und Gott sprach: Lasset uns Menschen machen, ein Bild, das uns gleich sei. Then God said, "Let us make man in our image, after our likeness." Gen. 1:26.

das Menschenopfer, die Menschenopferung human sacrifice; immolation of man

der Menschensohn Son of man. Syn.: der Sohn des Menschen.*
Denn es wird geschehen, dass des Menschen Sohn komme in der Herrlichkeit seines Vaters mit seinen Engeln. For the Son of man is to come with his angels in the glory of his Father. Mt. 16:27.

die Menschwerdung incarnation. Syn.: die Fleischwerdung; die Inkarnation.

der Mesner sacristan; sexton. Syn.: der Messdiener; der Sakristan.

das Messbuch missal

der Messdiener sacristan; sexton. Syn.: der Mesner; der Sakristan.

die Messe mass

die Messe besuchen, zur Messe gehen, in die Messe gehen to go to mass

die Messe lesen, zelebrieren to celebrate mass; to say mass

das Messgewand vestment

das Messglöckchen mass bell

das Messhemd alb. Syn.: die Albe; das Chorhemd.

der Messias Messiah. Syn.: der Gesalbte.

messianisch Messianic

die Metamorphose metamorphosis. Syn.: die Verwandlung; die Verklärung.

die Metempsychose metempsychosis; reincarnation; transmigration. Syn.: die Seelenwanderung; die Reinkarnation.

der Methodismus Methodism

der Methodist Methodist

methodistisch Methodistic

der Metropolit metropolitan

der Michaelistag Michaelmas (day), St. Michael's Day

der Mikrokosmus microcosm

die Milch milk

> . . . und bin hernieder gefahren, dass ich . . . sie ausführe . . . in ein Land, darinnen Milch und Honig fliesst. . . . and I have come down . . . to bring them . . . to a land flowing with milk and honey. Ex. 3:8.

das Millennium millennium Syn.: das Tausendjährige Reich.

der Ministrant ministrant

ministrieren to minister

die Mischehe mixed marriage

die Missetat iniquity; sin. Syn.: die Sünde; * das Vergehen, die Fehle; * die Schuld.*

> Ach, Herr, unsere Missetaten haben's ja verdienet, aber hilf doch um deines Namens willen. Though our iniquities testify against us, act, O Lord, for thy name's sake. Jer. 14:7.

der Missetäter evildoer. Syn.: der Übeltäter; * der Sünder. *

die Mission mission

der Missionar, die Missionarin missionary. Syn.: der Heidenbekehrer; der Glaubensbote.

das Mitleid(en) pity; compassion

> Jerusalem, wer wird denn Mitleiden mit dir haben? "Who will have pity on you, O Jerusalem?" Jer. 15:5.

mitleidig compassionate; pitying

das Mittelalter Middle Ages

mittelalterlich medieval

der Mittler mediator

> Denn es ist ein Gott, und ein Mittler zwischen Gott und den Menschen, nämlich der Mensch Christus Jesus. For

there is one God, and there is one mediator between God and men, the man Christ Jesus. 1 Tim. 2:5.

das Mittelschiff central aisle. See also das Kirchenschiff.

der Modernismus Modernism

der Modernist modernist

modernistisch modernist(ic)

der Mohammedaner Mohammedan

der Mohammedanismus Mohammedanism

der Mönch monk

mönchisch monastic

das Mönchskloster monastery; cloister. Syn.: das Kloster.

die Mönchskutte cowl. Syn.: die Kutte.

der Mönchsorden monastic order. Syn.: der Orden.

das Mönchstum monasticism

der Monotheismus monotheism

der Monotheist monotheist

monotheistisch monotheistic

die Monstranz monstrance

die Moral morality; morals

moralisch moral

das Morgenland Orient; East. Syn.: der Orient.

morgenländisch oriental. Syn.: orientalisch.

der Mormone Mormon

das Mormonentum Mormonism

die Moschee mosque

die Mücke gnat

Ihr verblendete Leiter, die ihr Mücken seihet und Kamele verschlucket. You blind guides, straining out a gnat and swallowing a camel! Mt. 23:24.

die Mühe toil; labor

Denn was kriegt der Mensch von aller seiner Arbeit und Mühe seines Herzens, die er hat unter der Sonne? What has a man from all the toil and strain with which he toils beneath the sun? Eccles. 2:22.

das Münster   cathedral; minster. Syn.: die Kathedrale.

das Mysterium   mystery

die Mystik   mysticism

der Mystiker   mystic

mystisch   mystical

die Mythe, der Mythus   myth

mythisch   mythical

die Mythologie   mythology

mythologisch   mythologic(al)

die Nachfolge Christi   discipleship; imitation of Christ

nachfolgen   to follow; to imitate

... wer mir nachfolget, der wird nicht wandeln in Finsternis. ... he who follows me will not walk in darkness. Jn. 8:12.

der Nachfolger   imitator; disciple

Darum ermahne ich euch, seid meine Nachfolger. I urge you, then, be imitators of me. 1 Cor. 4:16.

nachsichtig   indulgent; forbearing

die Nachsicht(igkeit)   indulgence; forbearance

der Name(n)   name

Freuet euch, dass eure Namen im Himmel geschrieben sind. Rejoice that your names are written in heaven. Lk. 10:20. Denn wo zwei oder drei versammelt sind in meinem Namen, da bin ich mitten unter ihnen. For where two or three are gathered in my name, there am I in the midst of them. Mt. 18:20.

der Neophyt   neophyte; convert; novice. Syn.: der Konvertit; der Proselyt; der Novize.

das Neue Testament   New Testament

das Neujahr New Year

der Neujahrsabend New Year's Eve

das Neujahrsfest New Year festival

der Neujahrstag New Year's day

die Neuzeit modern times; present time. Syn.: die Gegenwart.

Nicäa Nicaea (das Glaubensbekenntnis von N., the Nicene
Creed)

niederknie(e)n to kneel down

> . . . wir knieten nieder am Ufer und beteten. . . .
> kneeling down on the beach we prayed. Acts 21:5.

der Nimbus nimbus; gloriole. Syn.: der Heiligenschein; die
Gloriole.

die Nonne nun

Nonne werden to take the veil

das Nonnenkloster nunnery

der Nonnenschleier veil

der Nothelfer savior in time of trouble; Holy Helper (see
vierzehn)

> Du bist der Trost Israel, und ihr Nothelfer. O thou hope
> of Israel, its savior in time of trouble. Jer. 14:8.

der Novize novice; neophyte; convert; proselyte. Syn.: der
Neophyt; der Proselyt; der Konvertit.

das Noviziat novitiate

die Obrigkreit authority; magistrate

> Jedermann sei untertan der Obrigkeit, die Gewalt über
> ihn hat. Let every person be subject to the governing
> authorities. Rom. 13:1.

die Observanz observance; rule

der Odem breath. Syn.: der Atem.

> Und Gott der Herr . . . blies ihm ein den lebendigen

Odem in seine Nase. . . . then the Lord God . . .
breathed into his nostrils the breath of life. Gen. 2:7.

offenbar   manifest; revealed

. . . so wird ein jegliches Werk offenbar werden; der
Tag wirds klar machen. . . . each man's work will become manifest; for the Day will disclose it. 1 Cor. 3:13.

offenbaren   to reveal

. . . denn die Herrlichkeit des Herrn soll offenbaret
werden. And the glory of the Lord shall be revealed. Is.
40:5.

die Offenbarung   revelation. See also die Offenbarung S.
Johannis.

Dies ist die Offenbarung Jesu Christi, die ihm Gott
gegeben hat, seinen Knechten zu zeigen, was in der
Kürze geschehen soll. The revelation of Jesus Christ,
which God gave him to show to his servants what must
soon take place. Rev. 1:1.

die Offenbarung S. Johannis   the Revelation of St. John the
Divine. Syn.: die Apokalypse.

öffnen (die Augen)   to open (the eyes). Syn.: auftun.*

das Ohr   ear

Herr, neige deine Ohren, und höre. Incline thy ear, O
Lord, and hear. Is. 37:17.

die Ohrenbeichte   auricular confession

der Okkultismus   occultism

ökumenisch   ecumenical

die ökumenische Bewegung   ecumenical movement

der Okzident   the Occident; the West

okzidentalisch   Occidental

das Öl   oil

Du salbest mein Haupt mit Öl, und schenkest mir voll

ein. . . . thou anointest my head with oil, my cup over-
flows. Ps. 23:5.

der Ölbaum   olive tree
Die Bäume . . . sprachen zum Ölbaum: Sei unser
König. The trees . . . said to the olive tree, "Reign over
us." Judg. 9:8.

der Ölberg   the Mount of Olives
Und da sie den Lobgesang gesprochen hatten, gingen sie
hinaus an den Ölberg. And when they had sung a hymn,
they went out to the Mount of Olives. Mt. 26:30.

das Ölblatt   olive leaf
Die Taube kam zu ihm um Vesperzeit, und siehe, ein
Ölblatt hatte sie abgebrochen und trugs in ihrem Munde.
. . . and the dove came back to him in the evening, and
lo, in her mouth a freshly plucked olive leaf. Gen. 8:11.

ölen   to oil; to anoint. Syn.: salben. *

die Ölung   oiling; anointment **(die letzte Ölung,** extreme
unction). Syn.: die Salbung. *

das Omen   omen; prophetic sign

das Opfer, die Opferung   sacrifice; offering
Die Opfer, die Gott gefallen, sind ein geängsteter Geist.
The sacrifice acceptable to God is a broken spirit. Ps. 51:
19(17).

opfern   to offer; to make an offering; to sacrifice
. . . opfere die Gabe, die Moses befohlen hat. . . . offer
the gift that Moses commanded. Mt. 8:4.

der Opferstock   treasury; poor box. Syn.: der Gotteskasten.

das Ordal   (now used only in the plural; **die Ordalien**) ordeal.
Syn.: das Gottesurteil.

der Orden   order. Syn.: der Mönchsorden.

der Ordensbruder   friar

das Ordensgelübde   monastic vow

das Ordenskleid (monk's) habit

das Ordenskloster monastery of an order

die Ordensregel rule of an order

die Ordination ordination. Syn.: die Priesterweihe.

die Ordnung 1) institution, ordinance; 2) order

Seid untertan aller menschlichen Ordnung um des Herrn willen. Be subject for the Lord's sake to every human institution. 1 Pet. 2:13. Ein jeglicher aber in seiner Ordnung. Der Erstling Christus; danach die Christo angehören, wenn er kommen wird. But each in his own order: Christ the first fruits, then at his coming those who belong to Christ. 1 Cor. 15:23.

der Organist organist

die Orgel organ

der Orient Orient; East. Syn.: das Morgenland.

orientalisch oriental. Syn.: morgenländisch.

der Ornat canonicals; clerical robes; vestments

orthodox orthodox. Syn.: rechtgläubig; strenggläubig.

die Orthodoxie orthodoxy. Syn.: die Rechtgläubigkeit; die Strenggläubigkeit.

Ostern, das Osterfest Easter. Syn.: das Auferstehungsfest

das Pallium pallium

der Palmsonntag Palm Sunday

die Palmwoche week before Easter

der Papst Pope; pontiff; Holy Father. Syn.: der Heilige Vater; der Statthalter Christi.

die Papstkrone tiara. Syn.: die Tiara.

päpstlich papal; pontifical

der päpstliche Stuhl Holy See

das Papsttum papacy; popedom

die Papstwahl conclave; election of a Pope. Syn.: das Konklave.

die Papstwürde papacy

das Paradies Paradise

> Wahrlich, ich sage dir, heute wirst du mit mir im Paradies sein. Truly, I say to you, today you will be with me in Paradise. Lk. 23:43.

der Paraklet Paraclete; Holy Spirit; Comforter. Syn.: der Tröster.*

die Parthenogenesis parthenogenesis; virgin birth. Syn.: die Jungfrauengeburt.

die Passion Passion. Syn.: das Leiden Christi. *

der Pastor minister; pastor. Syn.: der Seelenhirt; der Seelsorger.

die Patene paten; tray for the bread in the celebration of the Eucharist. Syn.: der Hostienteller.

das Paternoster Lord's Prayer. Syn.: das Vaterunser.

der Patriarch patriarch. Syn.: der Erzvater.

die Patristik patristics

patristisch patristic

das Patronat patronage

der Peterspfennig Peter's pence

der Petschaftsring signet ring. Syn.: Siegelring.

> Ich will dich wie einen Petschaftsring halten. I will make you like a signet ring. Hag. 2:24(23).

der Pfaffe (medieval usage) priest; cleric

das Pfaffentum (medieval usage) clericalism

das Pfarramt parsonage; pastorate. Syn.: die Pfarre.

der Pfarrbezirk parish

die Pfarre, die Pfarrei parsonage; manse. Syn.: das Pfarrhaus.

der Pfarrer parson; minister

die Pfarrgemeinde parish

das Pfarrhaus manse; parsonage; parson's house. Syn.: die Pfarre.

der Pfarrherr parson

das Pfarrkind parishioner

die Pfarrkirche parish church

Pfingsten; das Pfingstfest Pentecost; Whitsunday

Und als der Tag der Pfingsten erfüllet war, waren sie alle einmütig beieinander. When the day of Pentecost had come, they were all together in one place. Acts 2:1.

die Pflicht duty; obligation

die Pflugschar plowshare

Sie werden ihre Schwerter zu Pflugscharen . . . machen. . . . they shall beat their swords into plowshares. Is. 2:4.

der Pharisäer Pharisee

Denn die Pharisäer . . . essen nicht, sie waschen denn die Hände. For the Pharisees . . . do not eat unless they wash their hands. Mk. 7:3.

das Pharisäertum Pharisaism

pharisäisch Pharisaic

der Philosoph philosopher

Etliche der Epicurer und Stoiker Philosophen zankten mit ihm. Some also of the Epicurean and Stoic philosophers met him. Acts 17:18.

die Philosophie philosophy

Sehet zu, dass euch niemand beraube durch die Philosophie und lose Verführung. See to it that no one makes a prey of you by philosophy and empty deceit. Col. 2:8.

philosophisch philosophic(al)

die Phylakterien (plural) phylacteries. Syn.: die Gebetsriemen. (Deut. 6:8, 11:18.)

die Pietät reverence; piety

pietätlos irreverent

die Pietätlosigkeit irreverence

pietätvoll reverent

der Pietismus Pietism

der Pietist Pietist

pietistisch pietistic

der Pilger, der Pilgrim pilgrim

die Pilgerfahrt pilgrimage

pilgern to go on a pilgrimage. Syn.: wallfahr(t)en.

die Pilgerväter (plural) Pilgrim Fathers

die Plage trouble; plague.
> Es ist genug, dass ein jeglicher Tag seine eigene Plage habe. Let the day's own trouble be sufficient for the day. Mt. 6:34.

die Zehn Plagen Ägyptens the ten plagues of Egypt

plagen to trouble; to torment
> Was plaget ihr doch meine Seele? How long will you torment me? Job 19:2.

die Plymouthbrüder (plural) Plymouth Brethren; Darbyites. Syn.: die Darbysten.

der Polytheismus polytheism. Syn.: die Vielgötterei.

der Polytheist polytheist

polytheistisch polytheistic

das Pontifikalbuch pontifical book; Pontificale Romanum (1845)

die Posaune trumpet
> . . . er wird senden seine Engel mit hellen Posaunen.
> . . . he will send out his angels with a loud trumpet call. Mt. 24:31.

die Postille book of homilies

die Prädestination predestination. Syn.: die Vorausbestimmung; die Vorherbestimmung; die Gnadenwahl.

die Prädestinationslehre dogma of predestination

prädestinieren to predestinate; foreordain. Syn.: vorausbestimmen; vorherbestimmen.

die Präexistenz preexistence

die Praktische Theologie Practical Theology

predigen to preach

Zu der Zeit kam Johannes, der Täufer, und predigte in der Wüste des jüdischen Landes. In those days came John the Baptist, preaching in the wilderness of Judea. Mt. 3:1.

der Prediger preacher. Syn.: der Kanzelredner.

die Predigt preaching; sermon

. . . sie taten Busse nach der Predigt Jonas. . . . they repented at the preaching of Jonah. Mt. 12:41.

der Preis, das Preisen glory. Syn.: das Lob; * die Lobpreisung.

Aber Gott, dem ewigen Könige, dem Unvergänglichen, und Unsichtbaren, und allein Weisen, sei Ehre und Preis in Ewigkeit. To the King of ages, immortal, invisible, the only God, be honor and glory for ever and ever. 1 Tim. 1:17.

preisen to glorify. Syn.: lobsingen. *

. . . so will ich dich erretten, so sollst du mich preisen. I will deliver you, and you shall glorify me. Ps. 50:15.

der Presbyter presbyter; elder. Syn.: der Älteste; der Kirchenälteste.

die Presbyterialverfassung the Presbyterian system

der Presbyterianer Presbyterian

der Presbyterianismus Presbyterianism

presbyterianisch Presbyterian

das Presbyterium presbytery

der Priester priest. Syn.: der Geistliche.

[Melchisedek] war ein Priester Gottes, des Höchsten. [Melchizedek] was priest of God Most High. Gen. 14:18.

das Priesteramt priesthood

priesterlich priestly; priestlike

   . . . priesterlich zu warten des Evangelium Gottes.
. . . in the priestly service of the gospel of God. Rom.
15:16.

die Priesterschaft, das Priestertum priesthood. Syn.: die Geistlichkeit; der Klerus.

   Ihr aber seid . . . das königliche Priestertum, das
heilige Volk. But you are . . . a royal priesthood, a holy
nation. 1 Pet. 2:9.

die Priesterweihe ordination; (sacramentally) holy orders.
Syn.: die Ordination.

der Primas primate

das Primat primacy

der Prior prior

der Probabilismus probabilism

profan profane; secular. Syn.: weltlich; * irdisch. *

profanieren to profane; to debase. Syn.: entheiligen; *
entweihen.

die Profanierung, die Profanation profanation; desecration.
Syn.: die Entheiligung; die Entweihung.

die Propaganda propaganda

propagieren to propagate

der Prophet prophet; seer (**die grossen Propheten,** Major
Prophets; **die kleinen Propheten,** Minor Prophets). Syn.: der
Seher; * der Wahrsager.

   . . . die man jetzt Propheten heisst, die hiess man vorzeiten Seher. . . . he who is now called a prophet was
formerly called a seer. 1 Sam. 9:9. Sehet euch vor vor den
falschen Propheten, die in Schafskleidern zu euch
kommen; inwendig aber sind sie reissende Wölfe. Be-

101

ware of false prophets, who come to you in sheep's clothing but inwardly are ravenous wolves. Mt. 7:15.

die Prophetengabe   prophetic gift. Syn.: die Sehergabe.

die Prophetenschaft   1) prophethood; 2) the prophets

das Prophetentum   prophethood

die Prophetin   prophetess

Und es war eine Prophetin, Hanna. And there was a prophetess, Anna. Lk. 2:36.

prophetisch   prophetic(al)

. . . wir haben ein festes prophetisches Wort. . . . we have the prophetic word made more sure. 2 Pet. 1:19.

prophezeien   to prophesy. Syn.: wahrsagen; * weissagen. *

die Prophezeiung   prophecy. Syn.: die Wahrsagung; die Weissagung. *

der Proselyt   proselyte; neophyte; convert. Syn.: der Konvertit; der Neophyt; der Novize.

Proselyten machen   to proselytize

der Proselytenmacher   proselytizer

die Proselytenmacherei, der Proselytismus   proselytism

der Protestant   Protestant

protestantisch   Protestant; Evangelical. Syn.: evangelisch.

die Protestantische Reformation   the Reformation; the Protestant Reformation

der Protestantismus   Protestantism

die Prozession   procession. Syn.: der Betgang; der Bittgang.

der Psalm   psalm

die Psalmen   (plural) Book of Psalms; Psalter. Syn.: der Psalter.

der Psalmist, der Psalmendichter   psalmist, or Psalmist (David)

die Psalmodie, der Psalmengesang   psalmody

der Psalter 1) Psalter, Book of Psalms; 2) psaltery (musical instrument)

die Pseudepigraphen (plural) pseudepigrapha

pseudepigraphisch pseudepigraphic

das Purgatorium purgatory. Syn.: das Fegefeuer.

der Puritaner Puritan

das Puritanertum, der Puritanismus Puritanism

puritanisch Puritan

der Quäker Friend; Quaker

die Quäker (plural) Society of Friends

quäkerisch Quakerish

das Quäkertum Quakerism

die Qual torment
> Als [der Reiche] nun in der Hölle und in der Qual war, hob er seine Augen auf. . . . in Hades, being in torment, [the rich man] lifted up his eyes. Lk. 16:23.

quälen to torment
> Bist du hergekommen, uns zu quälen, ehe denn es Zeit ist? Have you come here to torment us before the time? Mt. 8:29.

die Quelle fountain
> Die Furcht des Herrn ist eine Quelle des Lebens. The fear of the Lord is a fountain of life. Prov. 14:27.

das Querschiff transept. Syn.: das Kreuzschiff. See also das Kirchenschiff.

der Quietismus quietism

der Quietist quietist

der Rabbi, der Rabbiner rabbi

das Rabbineramt, die Rabbinerwürde rabbinate

rabbinisch rabbinic(al)

der Rationalismus rationalism

der Rationalist rationalist

rationalistisch rationalistic

der Räucheraltar, der Rauchaltar altar for incense

> [Du] sollst den güldenen Räuchaltar setzen vor die Lade des Zeugnisses. And you shall put the golden altar for incense before the ark of the testimony. Ex. 40:5.

räuchern to burn incense. Syn.: weihräuchern.

das Rauchfass, das Räucherfass censer. Syn.: das Weihrauchfass.

das Rauchopfer incense

> Mein Gebet müsse vor dir taugen wie ein Räuchopfer. Let my prayer be counted as incense before thee. Ps. 141:2.

Rechenschaft ablegen, or **erstatten,** or **geben** to render account

> Ich sage euch aber, dass die Menschen müssen Rechenschaft geben am jüngsten Gericht von einem jeglichen unnützen Wort. I tell you, on the day of judgment men will render account for every careless word. Mt. 12:36.

recht right

> . . . ich will . . . lehren, was recht ist. . . . from my lips will come what is right. Prov. 8:6.

das Recht justice. Syn.: die Gerechtigkeit.

> [David] schaffte Recht und Gerechtigkeit allem Volk. David administered justice and equity to all his people. 2 Sam. 8:15.

die Rechtfertigung durch den Glauben justification by faith

rechtgläubig orthodox. Syn.: strenggläubig; orthodox.

die Rechtgläubigkeit orthodoxy. Syn.: die Strenggläubigkeit; die Orthodoxie.

die Rede speech

Eure Rede sei allezeit lieblich. Let your speech always be gracious. Col. 4:6.

der Redemptorist Redemptorist

reden to speak

Und des Tages redete der Herr mit Mose in Egyptenland. On the day when the Lord spoke to Moses in the land of Egypt. Ex. 6:28.

die Reformation Reformation

das Reformationsfest Reformation Day

der Reformator Reformer

reformatorisch pertaining to the Reformation

der Reformierte member of the Reformed Church

die Reformierte Kirche Reformed Church

die Regalien (plural) regalia

die Regel rule. See also die goldene Regel.

das Reich kingdom. Syn.: das Königreich; * das Himmelreich. *

Dein Reich komme. Thy kingdom come. Mt. 6:10.

das Reich Gottes kingdom of God. Syn.: das Königreich Gottes; das Gottesreich.

Die Zeit ist erfüllet, und das Reich Gottes ist herbei gekommen. The time is fulfilled, and the kingdom of God is at hand. Mk. 1:15.

rein pure

. . . bei den Reinen bist du rein. With the pure thou dost show thyself pure. Ps. 18:27(26).

reinigen to purify

. . . reiniget euch, die ihr des Herrn Geräte traget. . . . purify yourselves, you who bear the vessels of the Lord. Is. 52:11.

die Reinkarnation reincarnation; metempsychosis; transmigration. Syn.: die Metempsychose; die Seelenwanderung.

die Religion religion

das Religionsbekenntnis profession of faith; creed. Syn.: die Konfession; das Glaubensbekenntnis.

die Religionsfreiheit, die religiöse Freiheit religious freedom. Syn.: die Glaubensfreiheit; die Gewissensfreiheit.

der Religions(ge)brauch rite. Syn.: der Ritus.

die Religionsgeschichte history of religion

der Religionsgeschichtler, der Religionshistoriker historian of religion

das Religionsgespräch religious disputation. Syn.: die Disputation.

der Religionskrieg religious war

die Religionsphilosophie philosophy of religion

der Religionsstreit dispute; disputation. Syn.: die Disputation.

die Religionswissenschaft science of religion. Syn.: die Theologie.

der Religionszwang intolerance; religious compulsion

religiös religious

die Religiosität religiousness

die Reliquie relic

der Reliquienschrein reliquary; receptacle for a relic

der Renegat renegade; apostate. Syn.: der Apostat; der Abtrünnige.

das Requiem Requiem, Requiem Mass. Syn.: die Seelenmesse; die Totenmesse; die Totenfeier.

retten to save; to deliver. Syn.: erretten. *

der Retter Saviour; deliverer. Syn.: der Erretter.*

die Rettung salvation; deliverance; redemption. Syn.: die Errettung.

die Reue repentance. Syn.: die Busse. *

. . . die göttliche Traurigkeit wirket zur Seligkeit eine Reue, die niemand gereuet. . . . godly grief produces a repentance that leads to salvation and brings no regret. 2 Cor. 7:10.

reuen to repent. Syn.: bereuen; gereuen. *

Es reuet mich, dass ich Saul zum Könige gemacht habe. I repent that I have made Saul king. 1 Sam. 15:11.

reuig, reumütig, reuevoll repentful

richten 1) to direct; 2) to judge. Syn.: urteilen.*

. . . richtet euer Herz zu dem Herrn. . . . direct your heart to the Lord. 1 Sam. 7:3. Richtet nicht, auf dass ihr nicht gerichtet werdet. Judge not, that you be not judged. Mt. 7:1.

der Richter judge

. . . der Herr ist unser Richter. . . . the Lord is our judge. Is. 33:22.

der Richterspruch sentence. Syn.: das Urteil. *

der Richterstuhl, der Richtstuhl judgment seat

Wir werden alle vor dem Richterstuhl Christi dargestellet werden. For we shall all stand before the judgment seat of God. Rom. 14:10.

der Richtplatz, die Richtstätte place of execution

der Ritterorden order of knighthood

das Ritual ritual. Syn.: der Religions(ge)brauch.

ritual ritual

der Ritus rite. Syn.: der Religions(ge)brauch; das Ritual.

die Robe robe. Syn.: der Talar.

der Rock garment; robe

Er hat mich . . . mit dem Rock der Gerechtigkeit gekleidet. . . . he has covered me with the robe of righteousness. Is. 61:10.

die Römische Kirche Roman Catholic Church; Church of Rome; Apostolic See. Syn.: der apostolische Stuhl.

107

der Rosenkranz rosary (**den Rosenkranz beten,** to say the rosary)

der Ruf 1) calling; 2) reputation. Syn.: das Ansehen; die Achtung.

> . . . der uns hat . . . berufen mit einem heiligen Ruf. . . . who . . . called us with a holy calling. 2 Tim. 1:9.

rufen to call

> Ich rufe zu dir, dass du, Gott, wollest mich erhören. I call upon thee, for thou wilt answer me, O God. Ps. 17:6.

der Ruhm praise

> Mein Ruhm ist immer von dir. My praise is continually of thee. Ps. 71:6.

rühmen to praise

> Ich will . . . deinen Namen rühmen immer und ewiglich. I will . . . praise thy name for ever and ever. Ps. 145:2.

der Sabbat(h) Sabbath

> Haltet meinen Sabbath; denn derselbe ist ein Zeichen zwischen mir und euch, auf eure Nachkommen, dass ihr wisset, dass ich der Herr bin, der euch heiliget. You shall keep my sabbaths, for this is a sign between me and you throughout your generations, that you may know that I, the Lord, sanctify you. Ex. 31:13.

das Sakrament sacrament

sakramental sacramental

der Sakramentierer Sacramentarian (e.g., Zwingli)

das Sakramentsstreit controversy about the Lord's Supper. Syn.: der Abendmahlsstreit.

das Sakrileg sacrilege. Syn.: der Kirchenraub; die Kirchenschändung; die Tempelschändung.

der Sakristan sacristan. Syn.: der Mesner; der Messdiener.

die Sakristei vestry

sakrosankt sacrosanct. Syn.: unverletzlich.

die Sakrosanktheit sacrosanctity. Syn.: die Unverletzlichkeit.

die Säkularisation secularisation

säkularisieren to secularize

der Säkularismus secularism

salben to anoint. Syn.: ölen. See also der Gesalbte. *
> Du salbest mein Haupt mit Öl. . . . thou anointest my head with oil. Ps. 23:5.

die Salbung anointing; unction. Syn. die Ölung.
> Und die Salbung, die ihr von ihm empfangen habt, bleibt bei euch. . . . but the anointing which you received from him abides in you. 1 Jn. 2:27.

der Samariter Samaritan (der barmherzige Samariter, the good Samaritan—Lk. 10:29–37)

der Satan Satan; Satanas. Syn.: der Teufel; * der Erzfeind; der Gott-sei-bei-uns.

satanisch satanic

der Satanismus Satanism

der Sauerteig leaven
> Das Himmelreich ist einem Sauerteig gleich. The kingdom of heaven is like leaven. Mt. 13:33.

der Säulenheilige stylite

das Scepter See das Zepter.

die Schädelstätte Golgotha; place of a skull
> Und da sie an die Stätte kamen, mit Namen Golgatha, das ist verdeutschet Schädelstätte. And when they came to a place called Golgotha (which means the place of a skull). Mt. 27:33.

schaffen to create. Syn.: erschaffen; schöpfen.
> Am Anfang schuf Gott Himmel und Erde. In the beginning God created the heavens and the earth. Gen. 1:1.

die Schaffung creation; Creation. Syn.: die Schöpfung.*

die Schale bowl; vial

Gehet hin und giesset aus die Schalen des Zorns Gottes auf die Erde. Go and pour out on the earth the seven bowls of the wrath of God. Rev. 16:1.

das Schaubrot bread of the Presence; showbread

Und du sollst auf den Tisch allezeit Schaubrode legen vor mir. And you shall set the bread of the Presence on the table before me always. Ex. 25:30.

schauen to look

Der Herr schauet vom Himmel auf der Menschen Kinder, dass er sehe, ob jemand klug sei, und nach Gott frage. The Lord looks down from heaven upon the children of men, to see if there are any that act wisely, that seek after God. Ps. 14:2.

scheinheilig hypocrite. Syn.: hypokritisch.

die Scheinheiligkeit hypocrisy. Syn.: die Hypokrisie.

der Scheiterhaufen stake

die Schenkung donation. See also Konstantinische Schenkung.

die Scheu fear. Syn.: die Furcht. *

. . . viele Brüder . . . sind desto kühner geworden, das Wort zu reden ohne Scheu. . . . most of the brethren . . . are much more bold to speak the word of God without fear. Phil. 1:14.

scheuen to fear; to stand in awe. See also fürchten.*

Alle Welt fürchte den Herrn; und vor ihm scheue sich alles, was auf dem Erdboden wohnet. Let all the earth fear the Lord, let all the inhabitants of the world stand in awe of him! Ps. 33:8.

schicken to send. Syn.: aussenden; senden.

das Schicksal, die Schickung fate; destiny. Syn.: das Geschick; die Bestimmung.

das Schiff nave. See also das Kirchenschiff.

das Schisma schism. Syn.: die Kirchenspaltung; die Glaubensspaltung.

die Schlange serpent; snake (die eherne Schlange, the bronze
serpent, Num. 21:9)

schmähen to insult. Syn.: beleidigen.

die Schmähschrift libel; lampoon. Syn.: die Spottschrift.

die Schmähung insult. Syn.: die Beleidigung.

. . . die Schmähungen derer, die dich beleidigen, fallen
auf mich. . . . the insults of those who insult thee have
fallen on me. Ps. 69:10(9).

der Schmerz sorrow

Er war . . . voller Schmerzen und Krankheit. He was a
man of sorrows, and acquainted with grief. Is. 53:3.

der Schmerzensmann Man of sorrows

der Schmetterling butterfly

die Scholastik scholasticism

scholastisch scholastic(al)

der Scholastizismus scholasticism

der Scholiast scholiast

die Scholie scholium

schonen to spare

Rufe getrost, schone nicht, erhebe deine Stimme. Cry
aloud, spare not, lift up your voice. Is. 58:1.

schöpfen 1) to draw; 2) to create. Syn.: erschaffen; schaffen.*
Ihr werdet mit Freuden Wasser schöpfen aus den Heils-
brunnen. With joy you will draw water from the wells of
salvation. Is. 12:3.

der Schöpfer Creator; Maker; God. Syn.: der Erschaffer.
Gedenk an deinen Schöpfer in deiner Jugend, ehe denn
die bösen Tage kommen. Remember also your Creator
in the days of your youth, before the evil days come.
Ec. 12:1.

111

die Schöpfung creation; Creation. Syn.: die Erschaffung; die Schaffung.

> . . . damit, dass Gottes unsichtbares Wesen, das ist, seine ewige Kraft und Gottheit, wird ersehen, so man des wahrnimmt an den Werken, nämlich an der Schöpfung der Welt. Ever since the creation of the world his invisible nature, namely, his eternal power and deity, has been clearly perceived in the things that have been made. Rom. 1:20.

die Schöpfungsgeschichte story of Creation

der Schöpfungstag day of Creation

der Schrecken, der Schreck terror

> Wie werden sie so plötzlich zu nichte! Sie gehen unter, und nehmen ein Ende mit Schrecken. How they are destroyed in a moment, swept away utterly by terrors! Ps. 73:19.

de Schrift writing; script; Scripture(s). Syn.: die Heilige Schrift.

> Suchet in der Schrift. You search the scriptures. Jn. 5:39.

der Schriftgelehrte scribe

> Auf Moses Stuhl sitzen die Schriftgelehrten und Pharisäer. The scribes and the Pharisees sit on Moses' seat. Mt. 23:2.

die Schuld debt; sin; fault. Syn.: die Fehle; * die Sünde.*

> Und vergieb uns unsere Schulden, wie wir unsern Schuldigern vergeben. And forgive us our debts, As we also have forgiven our debtors. Mt. 6:12.

das Schuldbekenntnis confession of sin. Syn.: das Sündenbekenntnis; * die Beichte.

schulden, schuldig sein to owe

> Bezahle mir, was du mir schuldig bist. Pay what you owe. Mt. 18:28.

der Schuldner, der Schuldiger debtor

... wie wir unsern Schuldigern vergeben. ... as we also have forgiven our debtors. Mt. 6:12.

das Schuldopfer guilt offering

Dies ist das Gesetz des Schuldopfers. This is the law of the guilt offering. Lev. 7:1.

der Schüttler Shaker

der Schutz protection

Es ist ihr Schutz von ihnen gewichen. ... their protection is removed from them. Num. 14:9.

der Schutzengel guardian angel

der Schutzheilige, der Schutzpatron patron saint

der Schwärmer fanatic. Syn.: der Fanatiker.

die Schwärmerei fanaticism. Syn.: der Fanatismus.

schwärmerisch fanatic(al). Syn.: fanatisch.

die schwarze Kunst black art; witchcraft. Syn.: die Hexerei.

das Schweisstuch sudarium; cloth; napkin; handkerchief

Und der Verstorbene kam heraus, ... sein Angesicht verhüllet mit einem Schweisstuch. The dead man came out, ... his face wrapped with a cloth. Jn. 11:44.

schwören to swear. Syn.: beeiden.

Ihr sollt nicht falsch schwören bei meinem Namen. And you shall not swear by my name falsely. Lev. 19:12.

der Schwur oath. Syn.: der Eid.*

die Sedisvakanz vacancy of the Papal See

die Seele soul

Meine Seele ist betrübt bis an den Tod. My soul is very sorrowful, even to death. Mt. 26:38.

die Seelenangst anguish of the soul; distress of the soul. Syn.: die Herzensangst; * die Furcht.*

das Seelenheil salvation. Syn.: die Erlösung.*

der Seelenhirt pastor. Syn.: der Pastor; der Geistliche.

die Seelenmesse mass for the dead. Syn.: die Totenmesse; die Totenfeier; das Requiem.

die Seelenwanderung metempsychosis; transmigration. Syn.: die Metempsychose; die Reinkarnation.

die Seelsorge ministry

der Seelsorger minister; pastor. Syn.: der Geistliche; der Pastor.

seelsorgerisch pastoral

der Segen blessing; benediction

> . . . ich . . . will dich segnen, und . . . du sollst ein Segen sein. I will bless you, so that you will be a blessing. Gen. 12:2.

den Segen erteilen to bless; to make the sign of the cross

segnen to bless. Syn.: benedeien.*

> Und Gott segnete den siebenten Tag, und heiligte ihn. So God blessed the seventh day and hallowed it. Gen. 2:3.

der Seher prophet; seer. Syn.: der Prophet; * der Wahrsager.*

> Kommt, lasset uns gehen zu dem Seher. Come, let us go to the seer. 1 Sam. 9:9.

die Sehergabe prophetic gift. Syn.: die Prophetengabe.

seherisch prophetic(al). Syn.: prophetisch.*

das Seitenschiff side aisle. See also das Kirchenschiff.

die Sekte sect

der Sektierer sectarian

die Selbstverleugnung self-denial; unselfishness

selig blessed

> Selig sind, die da geistlich arm sind; denn das Himmelreich ist ihr. Blessed are the poor in spirit, for theirs is the kingdom of heaven. Mt. 5:3.

die Seligkeit blessedness; salvation

> Gott hat uns nicht gesetzt zum Zorn, sondern die Selig-

Cast all your anxieties on him, for he cares about you. 1 Pet. 5:7.

sorgen to be anxious; to care

. . . sorget nicht für den andern Morgen. . . . do not be anxious about tomorrow. Mt. 6:34.

die Soutane soutane; cassock

der Spiritismus spiritism

der Spiritist spiritist

spiritistisch spiritistic

der Splitter speck (King James: mote)

Was siehest du aber den Splitter in deines Bruders Auge und wirst nicht gewahr des Balkens in deinem Auge? Why do you see the speck in your brother's eye, but do not notice the log that is in your own eye? Mt. 7:3.

der Spott scorn

. . . sie halten des Herrn Wort für einen Spott. . . . the word of the Lord is to them an object of scorn. Jer. 6:10.

spotten to scoff; to mock

Irret euch nicht! Gott lässt sich nicht spotten. Do not be deceived; God is not mocked. Gal. 6:7.

der Spötter scoffer

Wie lange . . . wollen die Spötter Lust zur Spötterei haben? How long will scoffers delight in their scoffing? Prov. 1:22.

die Spottschrift libel; lampoon. Syn.: die Schmähschrift.

die Sprachenverwirrung confusion of language (Gen. 11:7–9)

der Staat state. See also Trennung.

die Staatskirche state church; (in England) Established Church

die Stärke strength

der Herr ist meine Stärke und mein Lobgesang. The Lord is my strength and my song. Ex. 15:2.

117

der Statthalter governor

der Statthalter Christi Vicar of Christ; the Pope

der Stein stone

. . . erwählte fünf glatte Steine aus dem Bach. . . . chose five smooth stones from the brook. 1 Sam. 17:40.

steinigen to stone

Jerusalem, Jerusalem, die du tötest die Propheten und steinigest, die zu dir gesandt sind. O Jerusalem, Jerusalem, killing the prophets and stoning those who are sent to you! Mt. 23:37.

die Steinigung stoning

sterben to die; to pass away; to depart. Syn.: abscheiden; * hinscheiden; verscheiden.

sterblich mortal

. . . dies Sterbliche muss anziehen die Unsterblichkeit. This mortal nature must put on immortality. 1 Cor. 15:53.

das Stift foundation; chapter house

stiften to found

der Stifter founder

der Stiftsherr canon

die Stiftshütte tabernacle; tent of meeting. Syn.: das Tabernakel; die Hütte.*

die Stiftung foundation

die Stigmatisation stigmatization

stigmatisieren to stigmatize

die Stimme Gottes voice of the Lord

Die Stimme des Herrn gehet auf den Wassern. The voice of the Lord is upon the waters. Ps. 29:3.

die Stoa, der Stoizismus Stoicism

der Stoiker Stoic

stoisch Stoic(al)

die Stola   stole

die Stolgebühren   (plural) surplice fees

das Stossgebet   fervent prayer

die Strafe   punishment; chastisement. Syn.: die Bestrafung.

Die Strafe liegt auf ihm, auf dass wir Frieden hätten.
. . . upon him was the chastisement that made us whole.
Is. 53:5.

strafen   to punish. Syn.: bestrafen.

. . . verzage nicht, wenn du von ihm gestraft wirst. . . .
do not . . . lose courage when you are punished by him.
Heb. 12:5.

der Streit   dispute; strife; struggle

streitbar   militant. See also die Kirche.

strenggläubig   orthodox. Syn.: rechtgläubig; orthodox.

die Strenggläubigkeit   orthodoxy. Syn.: die Rechtgläubigkeit;
die Orthodoxie.

der Stuhl Gottes   throne of God. Syn.: der Thron.

Gott, dein Stuhl bleibt immer und ewig. Your divine
throne endures for ever and ever. Ps. 45:7(6).

der Suffraganbischof   suffragan bishop. Syn.: der Weihbischof.

die Sühne   atonement; expiation

sühnen   to expiate; to atone

das Sühnopfer   expiatory sacrifice

die Sünde   sin. Syn.: das Vergehen; die Fehle; die Missetat; *
die Schuld.*

Was aber nicht aus dem Glauben gehet, das ist Sünde.
. . . whatever does not proceed from faith is sin. Rom.
14:23. Ich bekenne dir meine Sünde, und verhehle meine
Missetat nicht. I acknowledged my sin to thee and I did
not hide my iniquity. Ps. 32:5.

das Sündenbekenntnis   confession of sin; acknowledgment of
sin. Syn.: das Schuldbekenntnis; die Beichte.

119

der Sündenbock scapegoat. Lev. 16.

der Sündenerlass remission of sin; forgiveness of sin. Syn.: die Sündenvergebung; die Absolution.

der Sündenfall fall of man

sündenfrei, sünd(en)los guiltless; sinless; free from sin. Syn.: sündenrein.

die Sünd(en)losigkeit sinlessness

der Sündenpfuhl pool of sin

sündenrein guiltless. Syn.: sündenfrei.

die Sündenschuld guilt

die Sündentilgung remission of sin; absolution. Syn.: der Sündenerlass; die Absolution.

die Sündenvergebung remission of sin; forgiveness of sin. Syn.: die Absolution; der Sündenerlass.

der Sünder sinner. Syn.: der Missetäter.

> Ich bin gekommen, die Sünder zur Busse zu rufen, und nicht die Frommen. I came not to call the righteous, but sinners. Mt. 9:13.

die Sündflut Deluge; Flood. Syn.: die Sintflut.*

sündhaft, sündig sinful

> O wehe des sündigen Volkes. Ah, sinful nation. Is. 1:4.

die Sündhaftigkeit, die Sündigkeit sinfulness

sündigen to sin

> . . . sündige hinfort nicht mehr, dass dir nicht etwas Ärgeres widerfahre. Sin no more, that nothing worse befall you. Jn. 5:14.

sündlich sinful. Syn.: sündhaft; sündig

> . . . sandte seinen Sohn in der Gestalt des sündlichen Fleisches, und verdammte die Sünde im Fleisch durch Sünde. . . . sending his own Son in the likeness of sinful flesh and for sin, he condemned sin in the flesh. Rom. 8:3.

120

die Sündlichkeit sinfulness. Syn.: die Sündigkeit; die Sündhaftigkeit.

sündlos, sündenlos sinless; free from sin; guiltless

die Sündlosigkeit, die Sündenlosigkeit sinlessness

das Sündopfer sin offering

> Dies ist das Gesetz . . . des Sündopfers. This is the law
> . . . of the sin offering. Lev. 7:37.

das Supremat supremacy

Sylvester See Silvester.

das Symbol symbol

die Symbolik, der Symbolismus symbolism

symbolisch symbolic(al)

symbolisieren to symbolize

synagogal synagogal; synagogical

die Synagoge synagogue; temple. Syn.: der Tempel.*

der Synkretismus syncretism

synkretistisch syncretistic(al)

synodal synodal

die Synode synod

die Synopse synopsis

der Synoptiker Synoptic

synoptisch s(S)ynoptic(al)

das Szepter See das Zepter

das Tabernakel tabernacle. Syn.: die Hütte; * die Stiftshütte.

der Tag day (der Tag des Herrn, Sunday—Syn.: der Sonntag)

> . . . es ist gekommen der grosse Tag seines Zorns. . . .
> the great day of their wrath has come. Rev. 6:17.

der Talar robe. Syn.: die Robe.

der Talisman talisman

die Taube dove

> Und Johannes sah den Geist Gottes, gleich als eine

Taube, herabfahren. . . . and he saw the Spirit of God descending like a dove. Mt. 3:16.

das Taufbecken baptismal font

die Taufe baptism

> . . . Ein Herr, ein Glaube, eine Taufe, Ein Gott und Vater (unser) aller. . . . one Lord, one faith, one baptism, one God and Father of us all. Eph. 4:5–6.

taufen to baptize

> . . . der aber nach mir kommt, . . . der wird euch mit dem Heiligen Geist und mit Feuer taufen. . . . but he who is coming after me . . . will baptize you with the Holy Spirit and with fire. Mt. 3:11.

der Täufer baptizer (Johannes der Täufer, John the Baptist)

die Taufkapelle baptistery; baptistry. Syn.: das Baptisterium.

das Tausendjährige Reich Christi millennium (Rev. 20:1–7). Syn.: das Millennium.

das Tedeum Te Deum

der Tempel temple. Syn.: das Heiligtum; * die Synagoge.

> Ich will anbeten zu deinem heiligen Tempel. I bow down toward thy holy temple. Ps. 138:2.

der Tempelherr, der Templer Templar

der Tempelorden Order of the Templars

die Tempelschändung sacrilege. Syn.: das Sakrileg; die Heiligtumsschändung.

das Testament one of the two covenants of God called the Old (das Alte) and the New (das Neue) Testament; will; last will and testament

> Denn wo ein Testament ist, da muss der Tod geschehen des, der das Testament machte. For where a will is involved, the death of the one who made it must be established. Heb. 9:16.

der Teufel devil or Devil; Satan. Syn.: der Satan; der Erzfeind; der Gott-sei-bei-uns.

> Der Feind, der sie säet, ist der Teufel. . . . the enemy who sowed them is the devil. Mt. 13:39.

teuf(e)lisch devilish

> Das ist nicht die Weisheit, die von obenherab kommt, sondern . . . teuflisch. This wisdom is not such as comes down from above, but is . . . devilish. Jas. 3:15.

der Text text

die Textkritik textual criticism

der Theismus theism

theistisch theistic(al)

die Theodizee theodicy (Leibniz)

die Theokratie theocracy

der Theolog(e), die Theologin theologian. Syn.: der Gottesgelahrte, or Gottesgelehrte.

die Theologie theology. Syn.: die Gottesgelahrtheit, or Gottesgelehrtheit; die Religionswissenschaft.

die Theophanie theophany

der Theosoph theosophist

die Theosophie theosophy

theosophisch theosophic(al)

die These thesis

der Thron throne

> . . . wird man Jerusalem heissen: des Herrn Thron. Jerusalem shall be called the throne of the Lord. Jer. 3:17.

die Tiara tiara. Syn.: die Papstkrone.

der Tisch table

> Du bereitest vor mir einen Tisch gegen meine Feinde. Thou preparest a table before me in the presence of my enemies. Ps. 23:5.

vor (nach) Tisch beten to say grace

das Tischgebet sprechen to say grace

die Tischreden, die Tischgespräche (plural) (Luther's) Table Talk

der Tod death. Syn.: das Abscheiden; * das Hinscheiden; das Verscheiden.*

> Der Tod ist verschlungen in den Sieg. Death is swallowed up in victory. 1 Cor. 15:55(54).

die Todsünde deadly sin; mortal sin

die Toleranz toleration; tolerance. Syn.: die Gewissensfreiheit; die Glaubensfreiheit.

tolerieren to tolerate

die Tonsur tonsure

tot dead

die tote Hand mortmain

die Totenfeier, die Totenmesse mass for the dead. Syn.: die Seelenmesse; das Requiem.

das Totenreich realm of the dead

der Totensonntag All Souls' Day

der Totentanz dance of death; *danse macabre*

die Tradition tradition. Syn.: die Überlieferung.

traditionell traditional

der Traktat tract; tractate. Syn.: die Abhandlung.

die Träne tear

> . . . der Herr Herr wird die Tränen von allen Angesichten abwischen. The Lord God will wipe away tears from all faces. Is. 25:8.

die Transsubstantiation transubstantiation. Syn.: die Wandlung.

die Transsubstantiationslehre dogma of transubstantiation. Syn.: die Wandlungslehre.

transsubstantiieren to transubstantiate

transzendent transcendental

die Transzendenz transcendence

trauen 1) to perform a marriage; 2) to trust (syn.: vertrauen)
. . . wir trauen auf seinen heiligen Namen. . . . we
trust in his holy name. Ps. 33:21.

die Trauer, das Trauern sorrow; mourning
. . . ich will ihr Trauern in Freude verkehren. I will turn
their mourning into joy. Jer. 31:13.

trauern to mourn
Sollte nicht . . . alle Einwohner trauern? Shall not . . .
every one mourn who dwells in [the land]? Amos. 8:8.

der Traum dream
Ein Prophet, der Träume hat, der predige Träume. Let
the prophet who has a dream tell the dream. Jer. 23:28.

träumen to dream
Und ihm träumte, und siehe, eine Leiter stand auf Erden.
And he dreamed that there was a ladder set up on the
earth. Gen. 28:12.

der Träumer dreamer
Seht, der Träumer kommt daher. Here comes this
dreamer. Gen. 37:19.

die Trennung von Kirche und Staat separation of church and
state

treu faithful. Syn.: getreu.*
. . . du hast mich erlöset, Herr, du treuer Gott. . . .
thou hast redeemed me, O Lord, faithful God. Ps.
31:6(5).

die Treue faithfulness
. . . lass deine Güte und Treue allewege mich behüten.
. . . let thy steadfast love and thy faithfulness ever pre-
serve me! Ps. 40:12(11).

das Tridentiner Konzil Council of Trent

der Trinitarier Trinitarian

die Trinität Trinity; the Holy Trinity. Syn.: die Dreieinigkeit.

Trinitatis-Sonntag Trinity Sunday

triumphierend triumphant. See also die Kirche.

der Trost, die Tröstung comfort

Das ist mein Trost in meinem Elend; denn dein Wort erquicket mich. This is my comfort in my affliction that thy promise gives me life. Ps. 119:50.

trösten to comfort

Ich will euch trösten, wie einen seine Mutter tröstet. As one whom his mother comforts, so I will comfort you. Is. 66:13.

der Tröster Comforter; Paraclete; Counselor; Holy Ghost

Und ich will den Vater bitten, und er soll euch einen andern Tröster geben, dass er bei euch bleibe ewiglich. And I will pray the Father, and he will give you another Counselor [King James: Comforter], to be with you for ever. Jn. 14:16.

trostlos disconsolate; not comforted

Du Elende, über die alle Wetter gehen, und du Trostlose! O afflicted one, storm-tossed, and not comforted. Is. 54:11.

die Trübsal distress

Denn du bist der Geringen Stärke, der Armen Stärke in Trübsal. For thou hast been a stronghold to the poor, a stronghold to the needy in his distress. Is. 25:4.

die Tugend virtue

überliefern to hand down

die Überlieferung tradition. Syn.: die Tradition.

übersetzen to translate

die Übersetzung translation

der Übeltäter evildoer. Syn.: der Missetäter.

. . . die Übeltäter blühen alle, bis sie vertilget werden immer und ewiglich. . . . though . . . all evildoers flourish, they are doomed to destruction for ever. Ps. 92:8(7).

die Übeltat misdeed; doing wrong

Denn es ist besser, so es Gottes Wille ist, dass ihr von Wohltat wegen leidet, denn von Übeltat wegen. For it is better to suffer for doing right, if that should be God's will, than for doing wrong. 1 Pet. 3:17.

die Ubiquität ubiquity; omnipresence. Syn.: die Allgegenwart.

unbarmherzig hardhearted; merciless

die Unbarmherzigkeit hardheartedness; mercilessness

die Unbefleckte Empfängnis Immaculate Conception

die unbeweglichen Feste (plural) set festivals

unduldsam intolerant. Syn.: intolerant.

die Unduldsamkeit intolerance. Syn.: die Intoleranz.

unerforschlich inscrutable

. . . wie . . . unerforschlich seine Wege! . . . how inscrutable his ways! Rom. 11:33.

die Unerforschlichkeit inscrutability

unfehlbar infallible

die Unfehlbarkeit infallibility. Syn.: die Infallibilität.

ungehorsam rebellious; disobedient

. . . ich bin nicht ungehorsam, und gehe nicht zurück. I was not rebellious, I turned not backward. Is. 50:5.

der Ungehorsam disobedience

Denn gleichwie durch Eines Menschen Ungehorsam viele Sünder geworden sind: also auch durch Eines Gehorsam werden viele Gerechte. For as by one man's disobedience many were made sinners, so by one man's obedience many will be made righteous. Rom. 5:19.

ungerecht unrighteous; unjust

Höret hie, was der ungerechte Richter sagt. Hear what the unrighteous judge says. Lk. 18:6.

die Ungerechtigkeit unrighteousness

. . . auf dass gerichtet werden alle, die der Wahrheit nicht glauben, sondern haben Lust an der Ungerechtigkeit. . . . so that all may be condemned who did not believe the truth but had pleasure in unrighteousness. 2 Thess. 2:12.

das ungesäuerte Brot unleavened bread

der Unglaube(n) unbelief

Und er tat daselbst nicht viel Zeichen um ihres Unglaubens willen. And he did not do many mighty works there, because of their unbelief. Mt. 13:58.

ungläubig unbelieving; doubting (Thomas); faithless. Syn.: glaubenlos.

. . . sei nicht ungläubig, sondern gläubig. Do not be faithless, but believing. Jn. 20:27.

der Unglaüibige unbeliever; infidel

So aber jemand von den Ungläubigen euch einladet, und ihr wollt hingehen; so esset alles, was euch vorgetragen wird. If one of the unbelievers invites you to dinner and you are disposed to go, eat whatever is set before you. 1 Cor. 10:27.

der Unitarier Unitarian

unitarisch Unitarian

der Unitarianismus Unitarianism

das Universum universe. Syn.: das Weltall.

unnahbar inaccessible

die Unnahbarkeit inaccessibility

das Unrecht injustice; iniquity

Wer Unrecht sät, der wird Mühsal ernten. He who sows injustice will reap calamity. Prov. 22:8.

unrecht unjust

Wie lange wollt ihr unrecht richten, und die Person der Gottlosen vorziehen? How long will you judge unjustly and show partiality to the wicked? Ps. 82:2.

unrein unclean

. . . auf dass ihr könnet unterscheiden, was heilig und unheilig, was unrein und rein ist. You are to distinguish between the holy and the common, and between the unclean and the clean. Lev. 10:10.

die Unreinheit, die Unreinlichkeit uncleanness

Gott hat uns nicht berufen zur Unreinigkeit, sondern zur Heiligung. God has not called us for uncleanness, but in holiness. 1 Thess. 4:7.

die Unschuld innocence

Ich wasche meine Hände mit Unschuld, und halte mich, Herr, zu deinem Altar. I wash my hands in innocence, and go about thy altar, O Lord. Ps. 26:6.

unschuldig innocent

Ich bin unschuldig an dem Blut dieses Gerechten. I am innocent of this man's blood. Mt. 27:24.

unsichtbar invisible. See also die Kirche.

Gottes unsichtbares Wesen, das ist, seine ewige Kraft und Gottheit, wird ersehen, so man des wahrnimmt an den Werken, nämlich an der Schöpfung der Welt. Ever since the creation of the world his invisible nature, namely, his eternal power and deity, has been clearly perceived in the things that have been made. Rom. 1:20.

die Unsichtbarkeit invisibility

unsterblich immortal

die Unsterblichkeit immortality

Denn diess Verwesliche muss anziehen das Unverwesliche, und diess Sterbliche muss anziehen die Unsterblichkeit. For this perishable nature must put on the imperishable, and this mortal nature must put on immortality. 1 Cor. 15:53.

die Unterlassungssünde sin of omission

untertan subject

Seid untertan aller menschlichen Ordnung um des Herrn willen. Be subject for the Lord's sake to every human institution. 1 Pet. 2:13.

die Unterwelt nether world; lower regions

unvergänglich imperishable; immortal

. . . der uns . . . wiedergeboren hat . . . zu einem unvergänglichen . . . Erbe. . . . we have been born anew . . . to an inheritance which is imperishable. 1 Pet. 1:3–4. Aber Gott, dem ewigen Könige, dem Unvergänglichen . . . sei Ehre und Preis in Ewigkeit! To the King of ages, immortal . . . be honor and glory for ever and ever. 1 Tim. 1:17.

die Unvergänglichkeit imperishability

unverletzlich sacrosanct. Syn.: sakrosankt.

die Unverletzlichkeit sacrosanctity. Syn.: die Sakrosanktheit.

das Urchristentum primitive Christianity

die Urreligion original religion

das Urteil judgment; sentence. Syn.: der Richterspruch.

Denkst du aber, o Mensch, . . . dass du dem Urteil Gottes entrinnen werdest? Do you suppose, O man, that . . . you will escape the judgment of God? Rom. 2:3.

urteilen to judge

der Vater the Father (God); father

. . . so haben wir doch nur Einen Gott, den Vater. . . .

yet for us there is one God, the Father. 1 Cor. 8:6. Ich
bin Joseph. Lebt mein Vater noch? I am Joseph; is my
father still alive? Gen. 45:3.

das Vaterunser the Lord's prayer; paternoster. Mt. 6:9–13;
Lk. 11:2–4.

verachten to despise

   . . . ein geängstet und zerschlagen Herz wirst du, Gott,
nicht verachten. . . . a broken and contrite heart, O
God, thou wilt not despise. Ps. 51:19(17).

die Verachtung contempt

   Sei uns gnädig, Herr, . . . denn wir sind sehr voll
Verachtung. Have mercy upon us, O Lord, . . . for we
have had more than enough of contempt. Ps. 123:3.

verdammen to condemn

   . . . solltest du den Gerechten verdammen? Will you
condemn him who is righteous? Job 34:17.

die Verdammnis damnation; condemnation (der Tag der
Verdammnis, day of judgment. Syn.: das Jüngste Gericht).*
Syn.: die Höllenstrafe.

   Wie nun durch Eines Sünde die Verdammnis über alle
Menschen gekommen ist. Then as one man's trespass led
to condemnation for all men. Rom. 5:18. . . . am Tage
des Gerichts und Verdammnis der gottlosen Menschen.
. . . until the day of judgment and destruction of un-
godly men. 2 Pet. 3:7.

verehren to worship. Syn.: beten; * anbeten.

die Verehrung worship. Syn.: die Anbetung.

die Verfassung constitution. Syn.: die Konstitution.

verfluchen to curse. Syn.: fluchen.*

   Ich will hinfort nicht mehr die Erde verfluchen um der
Menschen willen. I will never again curse the ground
because of man. Gen. 8:21.

die Verfluchung curse. Syn.: der Fluch.*

vergangen past; gone

> . . . der in vergangenen Zeiten hat lassen alle Heiden wandeln ihre eigenen Wege. In past generations he allowed all the nations to walk in their own ways. Acts 14:16.

die Vergangenheit past (times)

vergänglich perishable; passing

> . . . jene also, dass sie eine vergängliche Krone empfangen, wir aber eine unvergängliche. They do it to receive a perishable wreath, but we an imperishable. 1 Cor. 9:25.

die Vergänglichkeit perishability

vergeben to forgive. Syn.: verzeihen.

> . . . und vergieb uns unsere Schuld. . . . and forgive us our debts. Mt. 6:12.

die Vergebung forgiveness. Syn.: Verzeihung.

> Denn bei dir ist Vergebung, dass man dich fürchte. But there is forgiveness with thee, that thou mayest be feared. Ps. 130:4.

das Vergehen offense. Syn.: die Missetat.*

vergelten to recompense

die Vergeltung recompense

> Die Rache ist mein, ich will vergelten. Vengeance is mine, and recompense. Deut. 32:35.

vergessen to forget

> Lobe den Herrn, meine Seele, und vergiss nicht, was er dir Gutes getan hat. Bless the Lord, O my soul, and forget not all his benefits. Ps. 103:2.

vergöttern to idolize; to deify

die Vergötterung deification; idolization

verheissen to promise. Syn.: geloben; * versprechen.

132

. . . welches er zuvor verheissen hat durch seine Propheten, in der heiligen Schrift. . . . which he promised beforehand through his prophets in the holy scriptures. Rom. 1:2.

das verheissene Land land of promise

die Verheissung promise. Syn.: das Versprechen.

verklären to glorify; to transfigure
> Vater, die Stunde ist hie, dass du deinen Sohn verklärest, auf dass dich dein Sohn auch verkläre. Father, the hour has come; glorify thy Son that the Son may glorify thee. Jn. 17:1.

die Verklärung glorification; transfiguration (Lk. 9:28–36). Syn.: die Verwandlung.

verkünden, verkündigen to proclaim; to teach; to tell
> Die Himmel erzählen die Ehre Gottes, und die Feste verkündiget seiner Hände Werk. The heavens are telling the glory of God; and the firmament proclaims his handiwork. Ps. 19:1(2).

die Verkündigung Mariä Annunciation

verlassen to forsake
> Mein Gott, mein Gott, warum hast du mich verlassen? My God, my God, why hast thou forsaken me? Mt. 27:46.

verloren lost; prodigal (der verlorene Sohn the prodigal Son)

die Vernichtung extermination

die Vernunft reason; understanding
> Und der Friede Gottes, welcher höher ist denn alle Vernunft, bewahre eure Herzen und Sinne in Christo Jesu! And the peace of God, which passes all understanding, will keep your hearts and your minds in Christ Jesus. Phil. 4:7.

vernünftig reasonable

verscheiden to depart; to pass away; to die. Syn.: sterben; *
abscheiden; * hinscheiden.

das Verscheiden departure; decease; death. Syn.: das Abscheiden; * das Hinscheiden; der Tod.*

sich versenken to meditate; to contemplate

die Versenkung contemplation; meditation. Syn.: die Kontemplation; die Meditation.

versiegeln to seal. Syn.: siegeln.

> Sie gingen hin und verwahreten das Grab mit Hütern und versiegelten den Stein. So they went and made the sepulchre secure by sealing the stone and setting a guard. Mt. 27:66.

versöhnen to reconcile; to atone. Syn.: sühnen.

> Denn so wir Gott versöhnet sind durch den Tod seines Sohns, da wir noch Feinde waren; viel mehr werden wir selig werden durch sein Leben, so wir nun versöhnet sind. For if while we were enemies we were reconciled to God by the death of his Son, much more, now that we are reconciled, shall we be saved by his life. Rom. 5:10.

die Versöhnung reconciliation; atonement

> . . . wir rühmen uns auch Gottes durch unsern Herrn Jesus Christ, durch welchen wir nun die Versöhnung empfangen haben. . . . we also rejoice in God through our Lord Jesus Christ, through whom we have now received our reconciliation. Rom. 5:11.

der Versöhnungstag, or **Versöhnetag** Day of Atonement; Yom Kippur

> . . . es ist der Versöhnetag, dass ihr versöhnet werdet vor dem Herrn, eurem Gott. . . . it is a day of atonement, to make atonement for you before the Lord your God. Lev. 23:28.

versprechen   to promise. Syn.: verheissen.*

versuchen   to test; to tempt. (Syn. anfechten)

Versuch es doch mit deinen Knechten zehn Tage. Test your servants for ten days. Dan. 1:12. Da ward Jesus vom Geist in die Wüste geführt, auf dass er von dem Teufel versucht würde. Then Jesus was led up by the Spirit into the wilderness to be tempted by the devil. Mt. 4:1.

der Versucher   tempter

Und der Versucher trat zu ihm und sprach. And the tempter came and said to him. Mt. 4:3.

die Versuchung   temptation. Syn.: die Anfechtung.*

Und führe uns nicht in Versuchung, sondern erlöse uns von dem Übel. And lead us not into temptation, But deliver us from evil. Mt. 6:13.

vertilgen   to destroy. Syn.: austilgen; * zerstören.

. . . des Herrn Tag kommt . . . die Sünder [aus dem Land] zu vertilgen. . . . the day of the Lord comes . . . to destroy [the earth's] sinners from it. Is. 13:9.

die Vertilgung   destruction; extermination. Syn.: die Austilgung; die Vernichtung.

das Vertrauen   reliance; trust; confidence

Das geschah aber darum, dass wir unser Vertrauen nicht auf uns selbst stelleten, sondern auf Gott, der die Toten auferwecket. . . . but that was to make us rely not on ourselves but on God who raises the dead. 2 Cor. 1:9. Ein solch Vertrauen aber haben wir durch Christum zu Gott. Such is the confidence that we have through Christ toward God. 2 Cor. 3:4.

verurteilen   to judge

. . . welche am Gesetz gesündiget haben, die werden durchs Gesetz verurteilt werden. . . . all who have

135

sinned under the law will be judged by the law. Rom.
2:12.

verwandeln to transform; to transfigure; to change

. . . wir werden verwandelt werden. . . . we shall be
changed. 1 Cor. 15:52.

die Verwandlung transfiguration; transformation; glorification (Lk. 9:28–36). Syn.: die Verklärung.

verzeihen to forgive. Syn.: vergeben.*

die Verzeihung forgiveness. Syn. die Vergebung.*

die Vesper vesper(s)

die Vesperglocke vesper bell. Syn.: die Abendglocke

die Vielgötterei polytheism. Syn.: der Polytheismus.

die Vierung crossing (interception of transept and nave in a
cruciform church)

die vierzehn Nothelfer the Fourteen Holy Helpers

die Vigilie vigil

die Vision vision (e.g., Jer. 1:11–13). Syn.: das zweite
Gesicht; das Gesicht.

visionär visional; visionary

vollbringen to finish. Syn.: vollenden.*

Da nun Jesus den Essig genommen hatte, sprach er: Es
ist vollbracht. When Jesus had received the vinegar, he
said, "It is finished." Jn. 19:30.

vollenden to finish; to perfect. Syn.: vollbringen.*

Also ward vollendet Himmel und Erde. Thus the heavens
and the earth were finished. Gen. 2:1.

der Vollender perfecter (King James: finisher)

. . . aufsehen auf Jesum, den Anfänger und Vollender
des Glaubens. . . . looking to Jesus the pioneer and
perfecter of our faith. Heb. 12:2.

vollkommen perfect

Darum sollt ihr vollkommen sein, gleichwie euer Vater

im Himmel vollkommen ist. You, therefore, must be perfect, as your heavenly Father is perfect. Mt. 5:48.

die Vollkommenheit perfection

vorausbestimmen to predestine. Syn.: vorherbestimmen; prädestinieren.

die Vorausbestimmung predestination. Syn.: die Vorherbestimmung; die Prädestination; die Gnadenwahl.

vorbeten to lead in prayer

der Vorbeter cantor

die Vorhaut foreskin

    . . . tut weg die Vorhaut eures Herzens. . . . remove the foreskin of your hearts. Jer. 4:4.

vorherbestimmen to predestine; to predestinate. Syn.: vorausbestimmen.

die Vorherbestimmung predestination. Syn.: die Vorausbestimmung; die Prädestination; die Gnadenwahl.

der Vorhof court; parvis

    Meine Seele verlanget und sehnet sich nach den Vorhöfen des Herrn. My soul longs, yea, faints for the courts of the Lord. Ps. 84:3(2).

die Vorhölle mouth of hell. Syn.: der Höllenrand.

der Vorname Christian name; first name

die Vorsehung Providence; foreknowledge. See also das Walten Gottes.

    . . . denselben (nachdem er aus bedachtem Rat und Vorsehung Gottes ergeben war) habt ihr genommen durch die Hände der Ungerechten, und ihn angeheftet und erwürget. . . . this Jesus, delivered up according to the definite plan and foreknowledge of God, you crucified and killed by the hands of lawless men. Act. 2:23.

die Vorstellung idea; perception. Syn.: die Idee; der Begriff; der Gedanke.

die Votivmesse   votive Mass
die Vulgata   Vulgate

wahr   true
> Die Finsternis ist vergangen und das wahre Licht schei-
> net jetzt. . . . the darkness is passing away and the true
> light is already shining. 1 Jn. 2:8.

wahrhaft(ig)   true
> Dieser ist der wahrhaftige Gott und das ewige Leben.
> This is the true God and eternal life. 1 Jn. 5:20.

die Wahrheit   truth
> Ich bin der Weg, und die Wahrheit, und das Leben. I am
> the way, and the truth, and the life. Jn. 14:6.

wahrsagen   to prophesy; to soothsay. Syn.: prophezeien; *
weissagen.*
> . . . die . . . trug ihren Herren viel Gewinst zu mit
> Wahrsagen. . . . who . . . brought her owners much
> gain by soothsaying. Acts 16:16.

der Wahrsager   soothsayer; diviner. Syn.: der Prophet; * der
Seher.*
> . . . die Wahrsager [sollen] zu Spott werden. . . . the
> diviners [shall be] put to shame. Mic. 3:7.

die Wahrsagerei, die Wahrsagung   soothsaying; prophecy
der Wall   wall; mound. Syn.: die Mauer.
wallfahr(t)en   to go on a pilgrimage. Syn.: pilgern.
der Wallfahrer   pilgrim. Syn.: der Pilgrim; der Pilger.
die Wallfahrt   pilgrimage. Syn.: die Pilgerfahrt.
> Deine Rechte sind mein Lied in dem Hause meiner Wall-
> fahrt. Thy statutes have been my songs in the house of
> my pilgrimage. Ps. 119:54.

die Walpurgisnacht   Walpurgis Night
Das walte Gott!   God grant it

das Walten Gottes God's ruling; God's ordinances; Providence. See also die Vorsehung.

die Wandlung transubstantiation. Syn.: die Transsubstantiation.

die Wandlungslehre dogma of transubstantiation. Syn.: die Transsubstantiationslehre.

warten to wait. Syn.: erwarten.

> Sei stille dem Herrn, und warte auf ihn. Be still before the Lord, and wait patiently for him. Ps. 37:7.

waschen to wash

> Waschet, reiniget euch. Wash yourselves; make yourselves clean. Is. 1:16.

die Waschung washing

das Wasser water

> Ich taufe euch mit Wasser zur Busse. I baptize you with water for repentance. Mt. 3:11.

der Weg way

> Gottes Wege sind ohne Wandel. This God—his way is perfect. Ps. 18:31(30).

wehklagen to mourn; to groan

> . . . unser Reigen ist in Wehklagen verkehrt. . . . our dancing has been turned to mourning. Lam. 5:15.

der Weihaltar consecrated altar

das Weihbecken holy font

der Weihbischof suffragan bishop. Syn.: der Suffraganbischof.

die Weihe consecration; ordination; inauguration

weihen to consecrate

> [Du sollst] sie weihen, auf dass sie meine Priester seien. [You shall] consecrate them, that they may serve me as priests. Ex. 28:41.

Weihnacht(en) Christmas. Syn.: das Christfest.

der Weihnachtsabend Christmas Eve. Syn.: der Heilige Abend; der Heiligabend; der Christabend.

der Weihnachtsbaum Christmas tree. Syn.: der Christbaum.

das Weihnachtsgeschenk Christmas gift

das Weihnachtslied Christmas carol

der Weihnachtsmann Santa Claus

der Weihnachtsmarkt Christmas fair. Syn.: der Christmarkt.

der Weihnachtstag Christmas Day.

die Weihnachtszeit Christmastide

der Weihrauch incense; frankincense
> Sie werden . . . Gold und Weihrauch bringen. They shall bring gold and frankincense. Is. 60:6.

weihräuchern to burn incense. Syn.: räuchern.

das Weihrauchfass censer. Syn.: das Rauchfass.

das Weihwasser holy water

weinen to weep
> . . . ging hinaus und weinte bitterlich. And he went out and wept bitterly. Mt. 26:75.

weise wise
> Dünke dich nicht weise zu sein. Be not wise in your own eyes. Prov. 3:7.

die Weisen aus dem Morgenland the three kings from the Orient; the three Magi (Mt. 2:1–12). Syn.: die heiligen drei Könige.
> . . . siehe, da kamen die Weisen vom Morgenland gen Jerusalem. . . . behold, wise men from the East came to Jerusalem. Mt. 2:1.

die Weisheit wisdom
> Die Weisheit ist höher zu wägen, denn Perlen. . . . the price of wisdom is above pearls. Job. 28:18.

die Weisheit Salomos Wisdom of Solomon

weissagen to prophesy. Syn.: prophezeien; * wahrsagen.*

. . . er hat geweissagt wider diese Stadt. . . . he has prophesied against this city. Jer. 26:11.

der Weissager soothsayer; prophet. Syn.: der Wahrsager; * der Prophet.*

Die Weissager aber lasset reden, zwei oder drei, und die andern lasset richten. Let two or three prophets speak, and let the others weigh what is said. 1 Cor. 14:29.

die Weissagung prophecy. Syn.: die Prophezeiung.

Selig ist, der da liest, und die da hören die Worte der Weissagung, und behalten, was darinnen geschrieben ist. Blessed is who reads aloud the words of the prophecy, and blessed are those who hear, and who keep what is written therein. Rev. 1:3.

die Welt world

Mein Reich ist nicht von dieser Welt. My kingship is not of this world. Jn. 18:36.

das Weltall universe. Syn.: das Universum.

die Weltanschauung world view

das Weltei world egg

der Weltenbaum world tree

das Weltende end of the world

das Weltgericht Last Judgment. Syn.: das Jüngste Gericht; * das Letzte Gericht.

weltlich worldly. Syn.: irdisch; * profan.

. . . dass wir sollen verleugnen . . . die weltlichen Lüste. . . . to renounce . . . worldly passions. Tit. 2:12.

die Weltoffenheit cosmopolitanism

der Weltschöpfer 1) Creator, God; 2) artificer of the world, demiurge (Plato; Gnosis) (Syn.: der Schöpfer).*

das Werk work

Gross sind die Werke des Herrn. Great are the works of

the Lord. Ps. 111:2. Also lasset euer Licht leuchten vor den Leuten, dass sie eure gute Werke sehen und euern Vater im Himmel preisen. Let your light so shine for men, that they may see your good works and give glory to your Father who is in heaven. Mt. 5:16.

werkheilig work-righteous; sanctimonious; (sometimes) hypocritical

die Werkheiligkeit work-righteousness; sanctimoniousness; (sometimes) hypocrisy

der Widerchrist Antichrist. Syn.: der Antichrist.

Und das ist der Geist des Widerchrists, von welchem ihr habt gehöret, dass er kommen werde. This is the spirit of antichrist, of which you heard that it was coming. 1 Jn. 4:3.

wiedergeboren born anew; reborn; regenerated

. . . als die da wiederum geboren sind, nicht aus vergänglichem, sondern aus unvergänglichem Samen, nämlich aus dem lebendigen Wort Gottes. You have been born anew, not of perishable seed but of imperishable, through the living . . . word of God. 1 Pet. 1:23.

die Wiedergeburt regeneration; rebirth

. . . machte er uns selig durch das Bad der Wiedergeburt und Erneuerung des Heiligen Geistes. . . . he saved us . . . by the washing of regeneration and renewal in the Holy Spirit. Tit. 3:5.

wiederkommen, wiederkehren to return; to come again; to turn back

Kommt wieder, Menschenkinder. Turn back, O children of men! Ps. 90:3.

die Wiederkunft, die Wiederkehr (Christi) Second Coming (of Christ)

Wiedertäufer Anabaptist. Syn.: der Anabaptist.

der Wille will

> . . . seid dankbar in allen Dingen; denn das ist der Wille Gottes in Christo Jesu an euch. . . . give thanks in all circumstances; for this is the will of God in Christ Jesus for you. 1 Thess. 5:18.

die Willensfreiheit free will. Syn.: der Indeterminismus

wirken to work

> Mein Vater wirket bisher, und ich wirke auch. My Father is working still, and I am working. Jn. 5:17.

das Wochenfest Feast of Weeks; Pentecost

das Wort word

> Am Anfang war das Wort, und das Wort war bei Gott, und Gott war das Wort. In the beginning was the Word, and the Word was with God, and the Word was God. Jn. 1:1.

das Wort Gottes word of God. Syn.: das Gotteswort.

> . . . das Wort unsers Gottes bleibet ewiglich. . . . the word of our God will stand for ever. Is. 40:8.

das Wunder wonder; miracle

> Wenn ihr nicht Zeichen und Wunder sehet, so glaubet ihr nicht. Unless you see signs and wonders you will not believe. Jn. 4:48.

der Wunderglaube belief in miracles

der Wundertäter worker of miracles; thaumaturge

> Sind sie alle Wundertäter? Do all work miracles? 1 Cor. 12:29.

wundertätig wonder-working; doing wonders; thaumaturgic

> Wer ist dir gleich, der so . . . wundertätig sei? Who is like thee, . . . doing wonders? Ex. 15:11.

das Wundmal scar; stigma (die Wundmale Christi, stigmata of Christ)

der Wunsch desire; wish. Syn.: der (or das) Begehr; das Begehren.

. . . meines Herzens Wunsch ist, und ich flehe auch zu Gott für Israel, dass sie selig werden. . . . my heart's desire and prayer to God for them is that they may be saved. Rom. 10:1.

wünschen   to desire. Syn.: begehren.*

Folge nicht bösen Leuten, und wünsche nicht bei ihnen zu sein. Be not envious of evil men, nor desire to be with them. Prov. 24:1.

wüst(e)   desert; without form

Und die Erde war wüste und leer. The earth was without form and void. Gen. 1:2.

die Wüste   wilderness; desert

Und der Herr redete mit Mose in der Wüste Sinai. The Lord spoke to Moses in the wilderness of Sinai. Num. 1:1.

der Zauber   charm; spell; magic. Syn.: der Bann.

die Zauberei   sorcery; magic; witchcraft

. . . taten auch nicht Busse für ihre . . . Zauberei. . . . nor did they repent of their . . . sorceries. Rev. 9:21.

der Zauberer   sorcerer; magician

zaubern   to practice magic

Zebaoth, Gott Zebaoth, Herr Gott Zebaoth   Lord of hosts, God of hosts; the Lord. Syn.: der Herr der Heerscharen; * der Herr Zebaoth.*

Herr, Gott Zebaoth, wie lange willst du zürnen über dem Gebet deines Volks? O Lord God of hosts, how long wilt thou be angry with thy people's prayers? Ps. 80:5(4).

die Zehn Gebote   Ten Commandments; Decalogue. Syn.: der Dekalog (Ex. 34:28)

der Zehnte   tithe

144

Alle Zehnten im Lande, beide von Samen des Landes, und von Früchten der Bäume, sind des Herrn, und sollen dem Herrn heilig sein. All the tithe of the land, whether of the seed of the land or of the fruit of the trees, is the Lord's; it is holy to the Lord. Lev. 27:30.

das Zeichen sign. Syn.: das Anzeichen.*

Auch viele andere Zeichen tat Jesus vor seinen Jüngern. Now Jesus did many other signs in the presence of the disciples. Jn. 20:30.

der Zeichendeuter wizard

Wenn ein Mann oder Weib ein Wahrsager oder Zeichendeuter sein wird, die sollen des Todes sterben. A man or a woman who is a medium or a wizard shall be put to death. Lev. 20:27.

die Zeit time

Die Zeit ist erfüllet, und das Reich Gottes ist herbei gekommen. The time is fulfilled, and the kingdom of God is at hand. Mk. 1:15.

zeitlich temporal; momentary; transient

Denn unsere Trübsal, die zeitlich und leicht ist, schaffet eine ewige und über alle Masse wichtige Herrlichkeit, uns, die wir nicht sehen auf das Sichtbare, sondern auf das Unsichtbare. Denn was sichtbar ist, das ist zeitlich; was aber unsichtbar ist, das ist ewig. For this slight momentary affliction is preparing for us an eternal weight of glory beyond all comparison, because we look not to the things that are seen but to the things that are unseen; for the things that are seen are transient, but the things that are unseen are eternal. 2 Cor. 4:17–18.

zelebrieren (die Messe) to celebrate (Mass)

der Zelot zealot. Syn.: der Glaubensschwärmer; der Fanatiker.

das Zelotentum, der Zelotismus   zealotry. Syn.: die Glaubensschwärmerei; der Glaubenseifer; der Fanatismus.

zelotisch   zealous. Syn.: glaubenseifrig; fanatisch.

der Zensor   censor

die Zensur   censorship

das Zepter (Scepter, Szepter)   scepter
> Der Herr wird das Scepter deines Reichs senden aus
> Zion. The Lord sends forth from Zion your mighty
> scepter. Ps. 110:2.

zerstören   to destroy; to exterminate. Syn.: ausrotten; * vertilgen.*

die Zerstörung   destruction; extermination. Syn.: die Vertilgung; die Ausrottung.

der Zeuge, die Zeugin   witness
> Auch siehe da, mein Zeuge ist im Himmel; und der mich
> kennet, ist in der Höhe. Even now, behold, my witness is
> in heaven, and he that vouches for me is on high. Job
> 16:19.

zeugen   to beget (syn.: erzeugen); to witness, to bear witness,
to give testimony (Syn.: bezeugen).
> Du bist mein Sohn, heute hab ich dich gezeuget. You are
> my son, today I have begotten you. Ps. 2:7. [Die Schrift]
> ist's, die von mir zeuget. [The scriptures] bear witness to
> me. Jn. 5:39.

das Zeugnis   witness; testimony
> . . . Johannes, der bezeuget hat das Wort Gottes und das
> Zeugnis von Jesu Christo. . . . John, who bore witness
> to the word of God and to the testimony of Jesus Christ.
> Rev. 1:1–2.

Zeugnis ablegen, or **geben**   to give testimony
> Und mit grosser Kraft gaben die Apostel Zeugnis von
> der Auferstehung des Herrn Jesu. And with great power

the apostles gave their testimony to the resurrection of the Lord Jesus. Acts 4:33.

das Ziborium ciborium

der Zionismus Zionism

der Zionist Zionist

zionistisch Zionistic

die Zivilehe civil marriage

das Zölibat celibacy. Syn.: die Ehelosigkeit.

der Zorn wrath

. . . wer hat denn euch geweiset, dass ihr dem künftigen Zorn entrinnen werdet? Who warned you to flee from the wrath to come? Mt. 3:7.

zornig angry; wroth

Ich danke dir, Herr, dass du zornig bist gewesen über mich, und dein Zorn sich gewendet hat, und tröstest mich. I will give thanks to thee, O Lord, for though thou wast angry with me, thy anger turned away, and thou didst comfort me. Is. 12:1.

— die Zucht discipline. Syn.: die Kirchenzucht.

Mein Kind, verwirf die Zucht des Herrn nicht. My son, do not despise the Lord's discipline. Prov. 3:11.

— züchtigen to correct; to discipline

Züchtige mich, Herr, doch mit Massen. Correct me, O Lord, but in just measure. Jer. 10:24.

die Züchtigung correction; discipline

Alle Schrift . . . ist nütze . . . zur Züchtigung. All scripture is . . . profitable . . . for correction. 2 Tim 3:16.

die Zuflucht refuge. Syn.: das Asyl.

Gott ist . . . meine Zuflucht. [The Lord is] my refuge. 2 Sam. 22:3.

der Zufluchtsort, die Zufluchtsstätte place of refuge, asylum.
Syn.: das Asyl.

die Zukunft future

zukünftig future; what is to come
. . . die zukünftige Stadt suchen wir. . . . we seek the
city which is to come. Heb. 13:14.

die Zunge tongue
Behüte deine Zunge vor Bösem. Keep your tongue from
evil. Ps. 34:14(13).

das Zungenreden speaking in tongues

zürnen to be angry.
Herr, die lange willst du so gar zürnen? How long, O
Lord? Wilt thou be angry for ever? Ps. 79:5.

die Zuversicht trust; confidence; hope. Syn.: die Hoffnung.*
Gesegnet aber ist der Mann, der sich auf den Herrn ver-
lässt, und der Herr seine Zuversicht ist. Blessed is the
man who trusts in the Lord, whose trust is the Lord.
Jer. 17:7.

zuversichtlich confident; courageous. Syn.: freudig.*

die Zuversichtlichkeit confidence. Syn.: die Freudigkeit.*

der Zweifel doubt

zweifeln to doubt
O du Kleingläubiger, warum zweifeltest du? O man of
little faith, why did you doubt? Mt. 14:31.

der Zweifler doubter; double-minded man
Solcher Mensch denke nicht, dass er etwas von dem
Herrn empfangen werde. Ein Zweifler ist unbeständig in
allen seinen Wegen. . . . That person must not suppose
that a double-minded man, unstable in all his ways, will
receive anything from the Lord. Jas. 1:7–8.

das zweite Gesicht vision. Syn.: das Gesicht; die Vision.